紙1枚で
人生がうまくいく
メモの技術

神《かみ》メモ

原 邦雄

すばる舎

たった1枚の紙で人生はうまくいく

あなたはよく頑張っています。十分頑張っていると思います。それなのに、こんな悩みを抱えていませんか？

- **時間に追われ、やりたいことができない**
- **頑張っても、人間関係がうまくいかない**
- **贅沢しているつもりはないのに、お金が足りない**

努力しているのに状況が良くならない、結果が出ない、いつまでこんな状況が続くんだろう、本当はやりたいことがたくさんあるのに……。そう思うと、とてもつらいですよね。私にも経験があるのでわかります。

でも、大丈夫。

そんな「ないない尽くし」の悩みは、すべて**たった1枚の紙＝「神メモ」**を書き続けるだけで解決します。

神メモは、使える時間が飛躍的に増えるツール。さらに、人間関係の悩みもお金の悩みも解消し、毎晩「今日も良い日だった！」と小さくガッツポーズしてから眠りにつけるようになるツールです。

神メモを使って〝自分のやりたいことができない人生〟から、おさらばしましょう！

まずは次ページのチェック表を見て、当てはまるものに印をつけてください。

□ 仕事に追われる毎日で、自分の時間が全く取れない

□ 旅行が好きなのに、社会人になってから行けていない

□ 趣味を楽しみたいけれど、そんな心の余裕なんてない

□ 欲しいものがある！　でも買うか迷って、ずっとそのまま

□ 友達と会う時間がなく、最近はＳＮＳでのやりとりだけ

□ 大人の学びは大切なのに、セミナーや読書会に行けていない

□ 仕事が楽しくない……このまま続けるイメージが湧かない

□ 漠然とした「この先どうなるの？」という不安がある

□ 気づけば１年が終わっていて、達成感なんて全然ない

いくつ印が入りましたか？

実はここに挙げたのは、「結果が出ない人」の条件。つまり、チェックした箇所が多ければ多いほど、結果が出にくいというわけです。

でも落ち込む必要はありません。**神メモを使えば、「結果が出ない人」も卒業。自然と結果が出るようになる**のですから。

私自身、神メモ（当時は神メモとは呼んでいませんでしたが）を使い始める15年前は、先行き不安な日々を送っていました。

「世界一のコンサルタントになる！」と決意した私は、船井総合研究所を辞め、飲食店の現場へ。住み込みで働き始めたものの、前途多難な日々でした。

自分よりはるかに年下の女性従業員から「甘い」と呆《あき》れられたり、店長に怒鳴られたり。「あいつ、いつまでもつかね」と陰口を叩かれたことも、一度や二度ではありません。

昔の同僚が様子を見に来てくれたこともありましたが、棒立ちになって叱責を受ける私を見て、気まずそうに店を出て行ったこともありました。動き回って全身汗だくで脂の臭いにまみれる姿を見られたくなくて、同僚に見つからないように隠れたこともありました。

店長になったものの、アルバイトスタッフとの関係も悪く、メンバーはどんどん辞めていきます。当然売上も低空飛行。

「世界一のコンサルタントになる！」という夢を叶えるどころではありません。まさに「やりたいことができない」「人間関係がうまくいかない」「お金も足りない」状況だったのです。

ところが、メモをうまく活用するようになってから、状況は一変。

時間に追われるのではなく、どんどん先手先手で仕事を終えることができるようになりました。

アルバイトスタッフとの人間関係も良くなり、店の雰囲気が明るくなりました。

売上もぐんぐん上がり、日曜日の売上は昨年対比150％超え。離職率が高いことで知られる飲食業界ですが、私の店では1年間、誰1人として辞めなかったのです。

その後コンサルタントとして独立してからも、**メモのおかげで存分にやりたいことができ、思い描くすべての夢が実現。人間関係も良好で、経済的にも自由**です。

ここまで読んで、「メモを書くだけで、本当にそんな効果が？」と、いぶかしく思う方もいるかもしれません。メモをとる習慣がある方は、なおさらでしょう。

私もメモをとること自体は、20代のサラリーマン時代から続けていました。

ただし、あくまで備忘録。「聞いたことを忘れないように」「とりあえず書き留めておこう」といった使い方でした。

いわゆる走り書きなので、後から見返すと字が読めないこともしばしば。ノートやスケジュール帳など手元にあるものに書くので、どこに書いたかわからなくなる、そもそも書いたことを忘れることも多々ありました。書いたら書きっぱなし、いわば自己満足。書いたことを生かせていなかったのです。

皆さんにお伝えしたいことがあります。メモは「人から聞いた話」を書くものではありません。

メモは「自分が行動する内容」を書くもの

なのです。

自分の経験をふまえ、試行錯誤の末に生まれたのが、本書でご紹介する「神メモ」です。

神メモは、たった1枚の紙。その辺のチラシの裏でも、余ったコピー用紙でも、ノートやメモ帳から切り離した紙でも、何でも「神メモ」になります。

そして、この「1枚の紙」を使ってメモを書き始めてから、私の人生は劇的に変化していったのです。

申し遅れました。私は原 邦雄と申します。

「ほめ育《いく》」を通じて、世界中の人が輝くお手伝いをしています。

ほめ育とは、「ほめて育てる」教育メソッド。300社以上の企業に導入され、23万人の組織、日本郵政の研修を7年間行ったり（継続中）、5年間で30億円年商が増えた飲食業のリーダー研修など、さまざまな研修を行ってきました。ビジネス界だけではなく、教育界やスポーツ界、自衛隊など範囲は広く、世界17カ国・50万人に広がっています。

ほめ育の活動を通じ、**クライアントの夢を叶えるだけではなく、私自身も大きな夢をたくさん実現してきました。**

たとえば、テレビ朝日『報道ステーション』やNHKの番組への出演、そして40年以上続いているラジオに生出演など。

最近では、憧れの方々との共著も果たしました。聖心会のシスターであり日本に初めてエニアグラムを紹介した鈴木秀子さん、タレントとしても法律家としても名高いケント・ギルバートさん、そして、認定ＮＰＯ法人　アジアチャイルドサポートの池間哲郎さん。私にとって、ずっと憧れの存在だった方ばかりです。

そして２０２０年冬には、「出たい」と言い続け、憧れていたＴＥＤｘに登壇を果たしました。アフリカ初の教育ＴＥＤｘに英語で登壇したのは日本人初のことです。

私のことを知る方は、「原さんって、本当に行動力があるね」とおっしゃいます。たしかに私は、思いつくことは何でも行動に移してきました。共著の出版は運良く転がり込んできたものではなく、私がつかみ取ってきたものだからです。

でも、そのスタートとなったのは間違いなく、**「たった1枚のメモを書く習慣」**でした。

メモを書かなければ、私はずっと、「時間がない」「人間関係がうまくいかない」「お金がない」と嘆きっぱなしの人生だったでしょう。コンサルタントとして多くの人のお手伝いができる今とは、違った人生を歩んでいたはずです。

さて、本編を開く前に、皆さんにしていただきたいことがあります。**いったん本を閉じ、「やってみたい」と思うこと、「こんな未来が来たらとても素敵だろうな」と思うこと、「叶えたい」と思う夢を、自由に思い浮かべてほしい**のです。

「こんな自分になりたい！」という明確なイメージが持てたら、しめたもの。本書を読み終える頃には、あなたはきっと神メモを早く書きたくてうずうずしているはずです。

私が15年間、1日も欠かさず書き続けてきた、たった1枚の紙、通称『神メモ』。たった1枚の紙で、すべての夢を実現してきた全貌とノウハウをはじめて、そして余すところなく公開します。

神メモを使えば、あなたの人生は一気に笑顔満開になり、達成感と自信に満ち溢れることを約束します。

最後までどうぞ、楽しみながら読み進めてください。

神メモ　紙1枚で人生がうまくいくメモの技術　もくじ

第1章 「紙1枚」のメモですべて手に入る

第2章 やっぱり「紙1枚」が最強

第3章 メモ1枚で仕事が速くなる

第4章 メモ1枚で心も人間関係も整う

第5章 メモ1枚で人生がうまくいく

編集協力：上村雅代、金子千鶴代、山内早月
装　丁：小口翔平＋須貝美咲（tobufune）
本文デザイン：鈴木大輔・江﨑輝海（ソウルデザイン）
DTP：野中賢（システムタンク）

第1章

「紙1枚」のメモですべて手に入る

01 なぜ、紙1枚のメモで人生が変わるのか

「優先順位」がハッキリする！

「毎日深夜まで仕事をしているのに、全然片づかない」

「今晩こそ読書しようと思っていても、疲れて眠ってしまう」

「子どもを伸び伸び育てたいのに、余裕がなくてついキツく叱ってしまう」

「懸命に働いているのに、一向に生活が楽にならず、辛抱してばかり」

こんなジレンマを抱えて、ため息をついていませんか？

やりたいことがあるのに、できない。頑張っているのに、うまくいかない。そん

なジレンマがあると、多くの人がもっともっと頑張ろうとします。がむしゃらになって、目の前の山を突破しようとするのです。ヘトヘトなのに、体にむち打って仕事したり、睡眠不足でつらいのに本を読むために夜遅くまで起きていたり、余裕がないから子どもにキツく当たってしまっているのに、もっともっと頑張って「いいお母さん」「いいお父さん」であろうとしたり……。

でも人間には、キャパシティがあります。限界を超えて無理をすれば、心身を壊してしまうかもしれません。「がむしゃらに頑張る」という方向性は、正解ではないのです。

では、あなたの仕事はなぜ、やってもやっても終わらないのでしょうか？　どうして、本当にやりたいことに手をつけられないのでしょうか？

理由は簡単。今日という1日をどんな1日にしたいのか？　全体像が描けていないからです。

全体像が見えなければ、何を優先すべきかわかりません。すると目の前のことや周りの人に振り回され、本当にやるべきことはできないまま。時間を無駄にしてしまうのです。

だからこそ活用したいのが、**紙1枚のメモ。やるべきことを書いておけば、優先順位がはっきりします。すると時間を効率よく使うことができるようになり、余裕が生まれ、空いた時間を好きなことに使えるようになる**のです。

実際に私も、メモを使い始めてから、今日するべきタスクを取りこぼすことはなくなりましたし、驚くほど時間の余裕を手に入れてきました。3年後に実現したいことも、着実に実現に向けて進めるようになりました。

現在、セミナーはコロナ前と変わらず年間200回以上、母の介護をしながら、海外TEDxに登壇、1年に5冊執筆するペースで書いています。また、ほめ育アニメ（ショートムービー）も世界中に広めたいと思い、アカデミー賞やディズニーの長編・シリーズ化を本気で狙っています。

これだけを見ると、いわゆる〝仕事人間〟。1年365日、仕事ばかりしているイメージかもしれません。

いえいえ、そんなことはないのです。プライベートも充実していて、妻とのランチや晩酌もしますし、介護で母と週3日はランチを一緒に食べています。夏休みは20日近くとり、家族でアメリカ・ロサンゼルスのディズニーランドに行ったり、船でのクルーズを楽しんだり。そして近年は、年に2回トライアスロンの大会に出場するなど、趣味も満喫しています。

仕事もプライベートも充実しているのは、メモを書く習慣のおかげ。時間を大幅に圧縮し、やりたいことを何倍もの速さで実現させてきたからこそ、やりたいことを全部できるのです。

「ゴール・現在地・道のり」を意識する

やりたいことを実現するためには、「ゴール・現在地・道のり」を意識することが大切です。

・自分が向かいたいのはどこか？（＝ゴール）
・いま自分はどういう立ち位置にいるのか？（＝現在地）
・どう進めばゴールにたどり着くのか？（＝道のり）

ゴールが明確でなければ、どの方向を向いて進めばいいかがわかりません。道のりが曖昧なら、ゴールにたどり着くことは難しいでしょう。そもそも道のりを決めるためには、現在地を知ることも欠かせません。これら3つはセット。どれ1つ欠けてもいけないのです。

実は普段の行動なら、無意識のうちにこの3つを意識しているはず。たとえばいま、「美味しいステーキが食べたい」と考えているとしましょう。これが「ゴール」です。でも、思いつく店がない。これが「現在地」です。

では、「美味しいステーキを食べる」というゴールにたどり着くためには、まず何をしますか？　そう、「知らない」のですから、情報収集ですよね。手元のスマートフォンで店を探したり、グルメ情報に詳しい友人にLINEで質問したり。何らかの方法で、店を探すはずです。

いろいろ調べて、行きたいお店が決まりました。次にすることは、食事の時間を決め、店に予約の電話をして、行き方を調べること。これらが、ゴールにたどり着くための「道のり」です。

ここまで調べたら、あとは家を出ると決めた時間に家を出て、お店に向かうだけ。どうですか？　あなたも普段は、知らない間に3つをちゃんと揃えているのです。

夢を叶えることも、ステーキを食べに行くことと同じ。ゴールを決め、現在地を把握し、たどり着くための道のりを知る。

この3つの情報が明確に決まり、ゴールに向かって歩き出しさえすれば、夢は実現する段階に入ったも同然。**「夢」が「予定」に変わる**と言ってもいいでしょう。

自分の思い通りにならないと感じているなら、この3つのうちのどれかが足りていません。何が足りないかを知るためにも、メモをうまく使いましょう。

メモを書くことで、3つの要素が整理されます。1枚に凝縮しておけば全体を見渡すことができ、漏れがありません。

つまり紙1枚のメモが、あなたを目的地に導く地図のような役割を果たしてくれるのです。

まとめ

「時間がない」「お金がない」「家族や友人との関係がうまくいかない」それらの悩みはすべて、あなたが忙しすぎるから起きている。そして、それらは「たった1枚のメモ」で解決できる。

02 メモは何がすごいのか？

手軽にタスク管理ができる

メモのすごいところは、「手軽にタスク管理ができる」ということです。

ビジネスでも日常生活でも、タスク管理は重要です。なぜならタスクは、次から次へと増えるから。

出社して、翌日訪問する取引先向けにプレゼンテーション資料をつくろうとしたら、次から次へと電話がかかってきて対応に追われ、気づけば昼前。午後から作成しようと取りかかると、上司から急ぎの仕事を頼まれて、急遽資料を作成。しかもミーティングが入ることになり、時間だけが過ぎていく……。

こんなふうに、今あるタスクが片づかないうちに新しいタスクが降ってきて、雪だるま式に増えてしまった経験は、誰もがお持ちでしょう。「片づけなくては」と思うそばからタスクが増えると、気持ちが焦りますよね。

ここで多くの人がやってしまいがちなのが、溜まっている順からタスクを片づけようとしてしまうこと。

「先週から頼まれているこの仕事、そろそろ片づけないと何か言われそうだ」と、安易にタスクをこなす順番を決めていませんか？　すると重要なタスクが漏れ、後回しになる恐れがあります。すると、トラブルにつながる可能性もあり、せっかく行動しているのに達成感を得ることができません。

こうした状況を防ぐために役立つのが、紙1枚のメモです。


紙1枚のメモに、今抱えているタスクをすべて書き出しましょう。そうすること

で、**何を最優先すべきか、どれを後回しにしても良いのかが一目瞭然になります。**

近年では、タスク管理ができるオンラインツールも増えています。たしかに便利ですが、使うために起動するのが面倒な場面もあるでしょう。メモならさっととり出して書くだけ。シンプルで手軽だから、無理なく使えるのです。

退社する前に翌日のタスクをメモしておけば、出社した瞬間から動けます。すると、急な仕事が入ってきても落ち着いて対処できるため、タスクが雪だるま式に増えることはありません。

「書いて外に追い出す」ことで、不安がなくなる

もう1つメモがすごいのは、「書いて外に追い出す」ことで、不安を取り除いてくれるという点です。

やるべきことが多いときや、人間関係がうまくいかないとき、思うような収入が

得られないときなど、不安で押しつぶされそうに感じた経験はありませんか？

「本当にできるかな？」と心配になって眠れなかったり、「不本意なまま人生が終わってしまうのでは？」とストレスを感じて息苦しくなったり……。

それはなぜかというと、思考が目に見える形になっておらず、漠然としているから。**人は、目に見えないものを不安に感じます。**暗いお化け屋敷を怖いと感じるのも同じ理由。正体がわからないと悪い方向に想像を膨らませて、必要以上に怖がってしまうのです。

お化け屋敷も、電気がついたら途端に「なんだ、バイトのお兄ちゃんじゃないか」となるでしょう。正体がわかれば不安は消えるのです。

不安を感じているなら、まずは頭の中にあるものをすべてメモに書き出しましょう。

書くことによって正体が明らかになり、不安はなくなります。そして思考が整理され、やるべきことがクリアになります。つまり、自分は何を考え、どこに向かおうとしているのかが明確になるのです。

まとめ

メモを書くことで、頭の中に散らばった情報を整理でき、タスクの優先順位が決まり、抜け漏れがなくなる。情報を「頭から追い出す」ことで、漠然と抱いていた不安の正体がわかり、何をするべきかがわかる。

03

メモは「紙1枚」に書く

1枚に集約することで、整理だけでなく「整頓」もできる

世の中には、ノートや手帳を駆使したメモ術があります。近年ではメモ帳アプリも増えました。

それぞれに長所があるのでしょうが、私が使っているのは、どこにでもあるコピー用紙。

そして、「1枚」にすることを強く推奨しています。

なぜ「紙1枚」がいいのか？

理由は紙1枚にすることで、「整理」と「整頓」の両方ができるからです。

整理整頓という言葉がありますが、「整理」と「整頓」は違います。

・**整理……要るものと要らないものを分け、要らないものを捨てること**
・**整頓……要るものを誰でもすぐに出せるよう、秩序立てて配置すること**

紙1枚にまとめようとすれば、必然的に「整理」することになります。不要なものをそぎ落とさなければ、1枚には収まらないからです。

さらに1枚にまとめておけば、それが「整頓」になります。どこに何が書かれているかが一目でわかるからです。

メモを最大限活用するには、不要なものをそぎ落とす「整理」も、秩序立てて配置する「整頓」も、どちらも必要です。特に、メモを最大限活用し尽くすためには、どこに何が書かれているかがわかる「整頓」こそが大事なのです。

手帳やノートを使っても、情報を「整理」することはできます。

でも、「整頓」には不向きです。なぜなら多くの人は、板書型学習の影響か、「聞いたことを、そのまま」「聞いた順に」書き留めるから。

しかし、一言一句違わず順番通りに書いたメモを、本当に後から見返すでしょうか？

おそらくほとんどの人は見ないでしょう。なぜなら情報量が多すぎて、不要な情報にも目を通すことになり、時間と手間がかかるから。何より、どこに何が書かれているかもわからず、自分が欲しい情報にたどり着くのが大変だからです。

すぐに行動に移せる人と、思い出すための時間が必要な人。微々たる差に思われるかもしれませんが、ここが分かれ目。積み重なれば差はどんどん開き、使える時間の量は大きく違ってきます。

ぜひ1枚の紙を使って情報を整頓し、「すぐ行動できる」状態をつくってください。必ず「時間がない」から「時間が余る」へと変わっていきます。

メモを見るだけで、必要なことがすべて把握できる

人によっては「タスクは手帳に、将来のことはノートに」「お客さんのことは管理台帳に、家族のことはスマートフォンに」というふうに、いろいろなツールを使ってメモを残している人も多いでしょう。

しかし、ツールがたくさんありすぎると探すのが大変です。抜けや漏れなどが出やすく、使い分けも面倒。いつの間にかメモ自体をとらなくなってしまう可能性もあります。

「1枚のメモに情報を集約させる」と決めておけば、たった1枚を見るだけですべてわかるので、とても楽なのです。

メモは1日に、A4サイズの紙1枚のみとし、2枚、3枚と増やすことはしません。

「もしかしたら、A4用紙1枚には入りきらないかも。入りきらなくなったらどう

するの？」と思われるかもしれませんが大丈夫。あれこれ書こうと思うから、量が増えるのです。

1枚のメモに書くのは、項目や概要のみで十分。後から自分が見たときに「ああ、このことか」とわかればいいのです。

私はこれを、漫画『ドラゴンボール』に出てくる「ホイポイカプセル」になぞらえて「カプセル方式」と呼んでいます。

ホイポイカプセルは、見た目は手のひらにちょこんと置けるほどの小さなサイズのカプセル。ところが投げた途端に中から、巨大な家やバイク、車などが出てきます。そう、とても小さいのに、あらゆるものを閉じ込める収納力を持ち合わせているのです。

紙1枚のメモにも同じように、多くの情報を詰め込むことができます。そのための工夫が、項目だけを記しておくこと。脳内でカプセルを大きく広げるようにすれば、必ず1枚に収まります。

私は、メモにはキーワードだけを書き、詳しいことはChatwork（チャットワーク）やFacebook Messenger（フェイスブック・メッセンジャー）など、別のところに残しています。メモを見て「詳細を確認したいな」と思ったら、それらを開けばいいのです。

たとえ紙1枚でも、詰め込める情報はたくさんあります。1枚のメモを立体的に使うことで、書けることは無限大に増えていきます。

まとめ

メモは「1枚の紙」で十分。仕事のこともプライベートのことも、これからやってみたいこともすべて1枚の紙に書き、「このメモさえあればすべてわかる」という状態にしておこう。

04
「紙1枚」の驚くべき破壊力

常に最新の情報にアクセスでき、ヒラメキが冴えわたる

メモをA4の紙1枚にすることの利点がおわかりいただけたでしょうか？

ただ、メモを1枚にするというだけでは、実は不十分。最大限に活用するためには、**「毎日新しいものに書き換える」という作業がとても重要**です。毎日「最新のメモ」を持つようにするのです。

毎日メモを書き換えるということは、情報の鮮度を保つということ。すると、情報をキャッチするためのアンテナを張っておくことができるのです。

それは、目の前にあるチャンスを見逃さないようにするため。チャンスはいつ訪れるかわかりません。電車の中で広告を見ているときかもしれませんし、カフェで隣に座ったグループが話している内容を聞いたときかもしれません。

私たちは毎日、膨大な情報に触れています。でも、どれくらい覚えているでしょうか？　関心のない情報はほとんど覚えていませんよね。

違う言い方をすれば、**関心を持って情報と接しておかないと、たとえ自分の目の前に有益な情報があっても、気づかずに終わってしまう可能性がある**のです。

どんなに大きな数であっても、0を掛ければ0にしかなりません。それと同じで、関心がなければ、どんなに情報が降ってきても何のチャンスにもなりません。

たとえば、あなたが「自宅でネイルサロンを開きたい」と考えているとしましょう。そのための計画を紙1枚に書いたら、どんどん新しい情報を書き加えてほしいのです。

書き続けるうちにきっと「どんなネイルサロンにしたいのか？」を自分に問いか

けるようになるでしょう。

「若い人から年配の人まで、幅広い方に愛されるサロンにしたい」「忙しい人が来られるよう、夜の遅い時間もオープンしたい」「内装は、ワクワクして元気が出るようなビタミンカラーにしたい」など、たくさんの「やりたいこと」が湧いてくるかもしれません。

すると、幅広い年代のお客様でにぎわう自宅サロンの情報や、サロンで使いたいなと思える素敵な家具が目に留まったりします。ネイルとは関係ないような、フラワーショップの花束が、新しいネイルデザインのヒントになるかもしれません。

そう、**メモを最新情報にアップデートし続けることで、視界に入るものが変わっていく**のです。

もし漠然と「ネイルサロンを開けるといいな」と思っているだけだったら、どうでしょうか？

きっと、ここまで具体的な情報が目に留まることはないはずです。

メモ1枚でアンテナが敏感になる

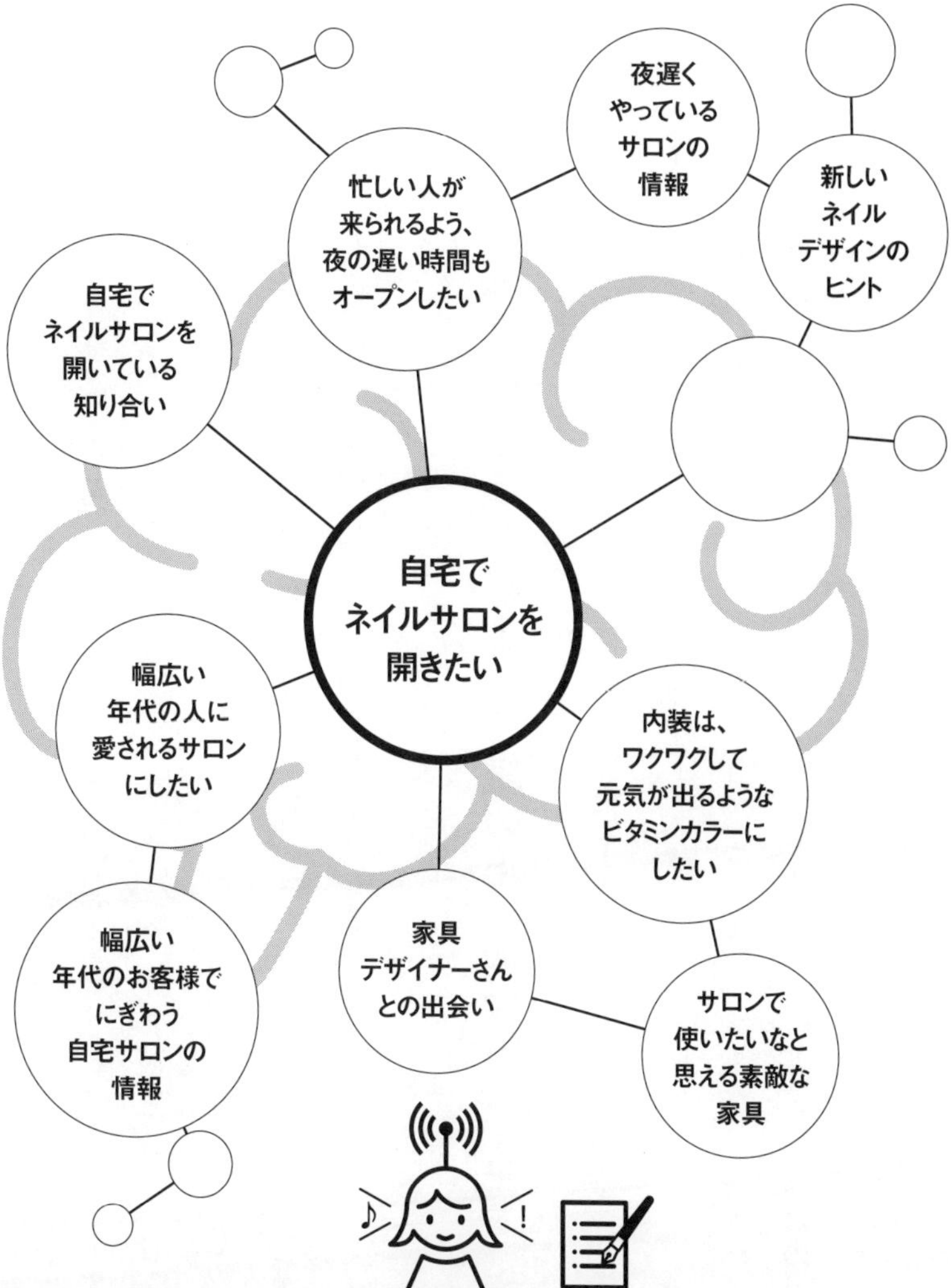

自宅で
ネイルサロンを
開きたい
忙しい人が
来られるよう、
夜の遅い時間も
オープンしたい
夜遅く
やっている
サロンの
情報
新しい
ネイル
デザインの
ヒント
自宅で
ネイルサロンを
開いている
知り合い
幅広い
年代の人に
愛されるサロン
にしたい
幅広い
年代のお客様で
にぎわう
自宅サロンの
情報
内装は、
ワクワクして
元気が出るような
ビタミンカラーに
したい
家具
デザイナーさん
との出会い
サロンで
使いたいなと
思える素敵な
家具
♪
!

➔ チャンス・アイデア・ヒラメキを逃さない

自分は何に関心があるのか？　どんな情報を求めているのか？

これらがクリアになると、アンテナが立つようになります。そして、アンテナに引っかかって入ってきた情報が、取得したい情報や人脈が引っかかる「巣」をつくります。つまりこれは、「引き寄せ力」を発生させているのと同じことなのです。

メモを更新し続けるだけで、自分をどんどん進化させることができます。しかも、たった1枚のメモを書くだけで、それが実現できてしまうのです。

人生で必要なことを1枚の紙の上に網羅できる

私は手帳を持っていません。手元にあるのは、1枚のメモのみ。そのかわり常に持ち歩き、ことあるたびに見返しています。

その日起きたことや思ったこと、やりたいことなど、思いついたことはすべてこの1枚に書いています。人生で必要なことのすべてが、1枚に凝縮されているのです。

私は常時、複数のプロジェクトを動かしています。その数は多いときには100近くにのぼるほど。

それでも必要なことはすべて、この1枚のメモに収まっています。**仕事のことだけでなく、家族のことや自分の将来の夢などもこのメモに収まっているので、他のものを見る必要がない**のです。

——何かあれば、この1枚のメモさえ見ればいい。

そう思えることは、大きな安心感をもたらしてくれます。タスクを大量に抱えて忙しい人ほど、「何か忘れてしまっているのではないか」「何か大事なことが抜けてしまっているのではないか」という不安を常に抱えているもの。だから無意識のうちに、手帳やメモ帳、スマートフォンなど、メモをする場所を複数用意してしまうのでしょう。

情報が複数の場所にあることは、一見とても便利なように思えます。ところが一方で、管理の手間が増え、抜けや漏れが生まれやすくなるのも事実。その結果、確認してても確認してても不安が拭えず、心が休まらないという悪循環に陥りかねません。
でも、「1枚」に集約しておけば大丈夫。不安になったら、1枚のメモを見ればいいだけだからです。

「何か大事なことを忘れてしまっていないか」という不安から解放されるのは、とても爽快なこと。脳内が整理され、「今」に集中することができるため、頭の中でよけいなことを考える必要がなくなります。

1枚の紙に情報を集約し、人生で必要なことをすべて網羅できることで、あなたは絶大な安心感を得ることができるのです。

まとめ

情報を書き散らかすと、「何か忘れているのではないか」という不安が迫ってきて、タスクが片づいても心から解放されない。
1枚の紙に集約することで、不安から解放される。

05

メモの大原則 ❶

メモは俯瞰するためにとる

メモは「目的地までたどり着くための宝の地図」

あなたにとってメモとは、どういうものですか？

私にとって**メモの定義は、「目標につながること」を、「行動」という形に落とし込むためのもの。メモは、自分の未来予想図であり、理想の未来へ、目的地へと連れて行ってくれる宝の地図でもある**のです。

どんなに立派な地図であろうが、新しくなければ、目的地にたどり着くことはできませんね。もしも数年前につくったような古ぼけた地図だったとしたら、現在地も目的地も、現在のものとはすっかり変わってしまっていることでしょう。

私たちは、人や本との出会い、そして仕事や学習などによって日々進化していますから、古い地図では役に立ちません。**人生の宝の地図には鮮度が大事**なのです。

重たくてかさばる地図帳も必要ありません。荷物になりますし、探すというよけいな作業が生まれてしまいます。宝を見つけるためには最新版の宝の地図がたった1枚あればいいのです。

最新のメモをつくること。これは、紙1枚だからできることです。

メモを書くことで、夢に向かって準備を始められる

タスクは、何日先の分まで書いていますか? きっと長くても1カ月くらいではないでしょうか?

予定はどうですか? 出張日や誕生日など「予定が確定して、ハッキリしている

もの」はかなり先までメモしているかもしれませんが、未定であやふやなこと、たとえば「来年のゴールデンウィークは家族旅行がしたい」「半年後には売上が目標額を達成して昇格している」というようなことは、手帳にはおろか、メモ帳にすら書いていないと思います。

私は実現してほしい未来について、あたかも実現したかのようにFacebookで日記を書いて投稿したりしています。

この〝未来投稿〟には「**まだ起きていないことを、すでに起きたように脳に錯覚させることで、現実化させる**」という目的があるのですが、人からはよく驚かれます。どうも多くの人は、夢や希望を語ることを恥ずかしいことだと思っているようなのです。

そして私は「『情熱大陸』に出ますよ」「『プロフェッショナル　仕事の流儀』に出ますよ」「ほめ育アニメをつくり、アカデミー賞を受賞しますよ！」といろいろな人に話しています。

みな冗談を言っていると思うようですが、冗談で言っているのではありません。「いつか出たいんですよ」という希望を語っているわけでもありません。「必ずその未来が来る！」「その未来が来るほうが、絶対みんなにとって良いこと！」と確信して話しているのです。

もちろん中には、私のことを「夢見がちな人」だと思う人もいるようです。あなたも、そう思ったかもしれませんね。

しかし、自分で自分の未来を決められない状態で、本当に夢を叶えることができますか？　それではただの運任せになってしまいます。

「今から10キロ痩せて、スレンダーになる」「ピアノを弾けるようになって、コンクールに出る」

そんな夢も、できたらいいな、ではなくて、「1年後には実現する」「2年後には叶う」と自分で確信できれば、夢見がちであろうが関係なく夢は叶います。

では、確信に至るためにはどうすればいいのでしょうか？

夢が叶う人と叶わない人の違いにも共通することですが、「叶えるための行動を続けているかどうか」、これが、夢が叶うか叶わないかの大きな分かれ道です。

書いてしまえば至極当たり前のこと。でも、「行動し続けているのに一向に叶う気配がない」という人が多いのも現実です。

私もこれまで「やはり運がないのでしょうか」「才能がないのでしょうか」などと、たくさんの相談を受けてきました。でも決して、**運や才能の問題ではありません。多くの場合、問題は「行動が目標からずれてしまっている」**ことにあります。

たとえば、「アメリカ旅行に行きたい！」と思っているとしましょう。すると「まずは英語を話せるようになろう」と考えて、猛勉強する人がいます。たしかに英語が話せたら旅行中に役立ちますし、楽しめるでしょう。

でも、英語をマスターしたからといって、アメリカ旅行が叶うわけではありません。そもそもの目的は旅行ですから、旅行に行くための具体的な行動をとらなければならないのです。

たとえば、飛行機やホテルを予約したり、そもそもどの州に何日滞在するかの計画を立てたり、場合によっては長期休暇をとるための準備も必要になるでしょう。そもそも先立つ資金がなければ、旅行には行けません。旅行資金を用意することも欠かせません。

もちろん「ずれた行動をしよう」と思う人はいないはず。でも実際には、知らない間にずれてしまうことが多いのも事実です。

そのずれを防いでくれるのが紙1枚のメモです。毎日メモを書くことによって、この「ずれ」が浮き彫りになり、軌道修正ができるのです。

後から詳しく説明しますが、神メモには、今日のタスクや1年後、2年後、3年後のタスクまでを書く欄があります。その時期にやるべきことを神メモに落とし込んでいくだけで、英語を勉強することの他にも、しなければならないことが見えてきます。

目標にたどり着くためには、たくさんの準備が必要です。それは確定した未来であっても、未確定の未来であっても変わらないことなのです。

俯瞰の視点があれば、あなたが今立っている現在地、将来たどり着きたい目的地が一目で見渡せます。メモを見返すことで、「目的地に行くためにはどの道を行けばいいのか」が一瞬で見渡せるのです。

まとめ

メモは、目的地までたどり着くための宝の地図。目的地までスムーズにたどり着くためには、現在地、目的地、目的地に至るルートや、その道の途中に何があるのかを俯瞰することが大切。メモをとることで、俯瞰の視点が手に入る。

06

メモの大原則 ❷

メモは記録するためではなく、忘れるためにとる

メモは行動を起こすためのもの

多くの人が、記録するためにメモを書いています。間違いではありませんが、大事なことが抜け落ちてしまっています。

それは、「**行動をより楽に、素早くするためにメモを書く**」という視点です。

イメージしてください。あなたは何人もの部下を抱えるトップ営業マンです。部下の1人が「営業に行ってもお客さんとうまく話ができない」と悩んでいます。

自分の経験からあなたは、「お客さんと打ち解ける前に、商品を売り込んでいる

のでは？」と気づきます。そこで、部下にうまくいっていない原因と対策をアドバイスしました。

部下は真剣にあなたの話を聞き、「とても勉強になります」と感謝しながらメモをとっています。その様子を見たあなたは「きっとこれで彼もうまくお客さんと話せるようになるだろう。役に立ってよかった」と喜びました。

数週間後、部下に「あのとき話したこと、役に立っている？」と聞いてみると、部下は「はい、しっかりメモしました！」と答えます。

そうです、学んだことをメモしただけ。行動を起こしてはいなかったのです。

この返事を聞いたあなたは、どう感じますか？　自分のアドバイスが水の泡になったような、歯がゆさを感じるのではないでしょうか？

メモは、目的地までたどり着くためのもの。目的地までたどり着くために必要なのは、行動です。記録することがメモの目的になって行動に移さないままだと、メモを書いた意味が半減してしまいます。

だとすれば、メモには「これから何をするか」が書かれていればいいのです。

私がまだ営業マンとして働いていたときのこと。会社では月に1回、3～4時間にわたる会議が行われていました。

会議では支店長が、新商品情報や他支店の成功事例など、営業マンの売上アップにつながる有益な情報を話してくれます。営業マンは結果を出すために、支店長の話を踏まえて営業計画や行動計画をつくります。

参加メンバーはみんな必死です。すべての情報をメモし、私も同じようにメモをとっていました。ところがあるとき、ふと思ったのです。こんなに詳細なメモをとっていたら時間がもったいない、と。

私たち**営業マンがとるべき行動は、「売上アップにつながる行動」です。情報を仕入れ、その情報をもとに戦略を練り、行動計画をつくることが重要なはず。ところが気づけば「メモをとる」という行動に、多くの時間をかけてしまっていた**のです。

よく観察してみると、成績が良くない営業マンほど、支店長の話した内容をそのままメモするだけ。

しかし、成績が良い営業マンは違いました。

支店長の話をもとにして営業計画をつくり、行動計画のラフまでつくっていたのです。しかも会議を聞きながらつくるため、会議が終わればすぐ行動に移せます。

記録するためではなく、行動するためにメモをとる。

すると時間短縮に、ひいては効率アップにつながり、成績につながっていたのです。

メモをとることで、よけいなことをそぎ落とせる

メモに書いたら、書いたことは忘れてかまいません。「メモを見返す」ということだけ徹底しておけばいいのです。

しかし多くの人が、メモに頼りません。自分の頭で覚えておこうとします。頭の中に入れておけば、便利かもしれません。

でも、すべてが「今」必要なわけではありません。不要なものまで頭の中に入れていると、目の前のことに１００％集中できない状態が続いてしまうのです。

すると大事な商談中なのに、つい帰社してからつくる資料について考えてしまいます。いざ資料をつくり始めたら、「帰り道にスーパーに寄って、何を買うんだったっけ？」と、買い物のことを考えてしまいます。

これではメモを書いた意味がありません。**メモに書いたら、すっかり忘れてしまっていい**のです。子どもの習いごとの送り迎えも、買い物の内容も、晩ご飯のメニューを考えることも、今必要ないことは全部忘れてしまいましょう。

「今」に集中すると、あなたが大切にしたいものをちゃんと大切にできるようになります。常に目の前にあることに集中できるようになりますから、大事な商談も準備段階から１００％の力を出すことができるようになりますし、パートナーの会話にも集中できるようになります。

そうすれば相手は「大切にされている」と感じられて嬉しくなりますし、あなたも相手の喜ぶ顔が見られて、幸せな気持ちになるでしょう。

メモは決して、忘れないためにとるのではありません。むしろ、**「忘れるためにメモをとる」**。

これも、メモをうまく活用するための大原則です。

しかも、忘れたように感じられても実は、脳は忘れてはいません。一度記憶したものは、すべて潜在意識に刻み込まれると言われています。

そして脳は、一度質問されたことは答えが見つかるまで延々と考え続けていると も言われています。

ずっと昔に悩んだ悩みごとについて、忘れた頃に突然、解決策がひらめいたり答えが目に入ったりした経験はありませんか?

突拍子もないタイミングでアイデアや答えがひらめくのは、脳が潜在意識の中でずっと、答えを探し続けているからなのです。

メモにアウトプットして、忘れても、潜在意識ではずっと覚えています。無意識の領域でずっとそのことを考え続けてくれるのですから、安心して忘れてしまっていいのです。

まとめ

メモの本質は「目的地までたどり着くためのもの」。メモを覚えておくためではなく、忘れるためにとることで、今目の前のことに100%向き合うことができる。

07

メモの大原則 ❸

メモで大事なのは、思考量より行動量

成功している人は、人の何倍も失敗している

あなたの周りにいる、憧れの人をイメージしてみてください。

成績がいつもトップの営業マン、的確にクライアントのニーズを見抜けるコンサルタントの同僚、仕事も家事もスマートにこなすスーパーマン、いつも笑顔で家庭円満なママ友など……。憧れの人の要素はさまざまですが、はたから見ると彼らはとてもスマート。何の苦労もなく、成功しているように見えるものです。

しかし、よくよく話を聞いてみるとわかるのですが、成功している人は例外なく、

驚くような失敗を経験しています。しかも1回や2回ではないのです。

なぜ失敗するのか？

それは「行動してきた」証でもあります。

成功するためには運も大事、才能も必要であることは事実です。しかしそれ以上に、成功している人は大量に行動し、人の何倍も失敗を経験してきたのです。

「失敗は成功の母」という言葉がありますが、失敗を重ねて学んできたからこそ成功をつかむことができたのです。

これは私の例ですが、これまでにのべ50万人以上の人が「ほめ育」を学んでくれました。「ほめ育を通じて世界196カ国の人たちを輝かせる」というのが私のミッションです。しかし、ここに来るまでには本当にたくさんの失敗を積み重ねてきました。「二度と連絡してくるな」と、強い口調で拒絶されたこともありましたし、「そんな夢、叶うわけがないだろう」と冷笑されたこともあります。

今でこそ私のほめ育事業はアメリカやインド、シンガポール、オーストラリアなど世界17カ国以上に広がっていますが、海外事業を始めてから5年間は鳴かず飛ばず。収支は真っ赤っか、会社の通帳に数万円しかないこともしょっちゅうでした。

アメリカで仕事をするには当然、日本での仕事を少しストップしなくてはいけません。アメリカに行っても何の実りもなく、経費だけ使って帰ってくるということを、私は7年ほど続けました。

渡航が30回を数えたとき、やっとロサンゼルスの新聞社からセミナーの依頼が舞い込みました。29回の失敗を経て、ようやく光が差し込んだのです。

今こうしてほめ育が世界中に広がっているのは、29回の失敗を乗り越えたから。諦めない心と具体的な行動、その時々でベストを尽くしてきたからなのです。

メモを使って行動の絶対量を増やす

私は今、3つの会社を経営しています。

会社は3つとも全速力で回っており、社長として率いるのは大変なこと。毎日約200通のメールが届き、雨のように降ってくるタスクを打ち返さねばなりません。移動時間やすき間時間もすべて、最大限活用しなければ仕事が回りません。

激務続きですが、やりたいことができたら即実行に移します。会いたい人がいれば、海外であろうが関係ありません。すぐに飛行機に飛び乗って会いに行きます。

こんなふうに過ごしているので、周りの人からは「いったい原さんは何人いるの？」「影武者がいるに違いない！」と驚かれることは日常茶飯事。そんなときには、「実は3つ子なんですよ」と冗談を言ったりします。

しかし、**これほどの行動量をこなしていながら、休みは十分とれている**のです。不思議だと思いませんか？　多忙であることは間違いない、でも決して、仕事に追われてはいないのです。

私のことを「行動力がある」と評してくれる人がいますが、私は1つ1つの行動が迅速なわけでもありません。どちらかといえば、じっくり考えて動くタイプです。

それでも行動力があるように見えるのは、立ち止まらずに行動し続けているから。ちょっとしたすき間時間をうまく使い、常に複数の仕事を同時並行で進める「マルチタスク」だからこそ、行動の量につながっているのです。

すき間時間の有効活用と、徹底したマルチタスク。これらを可能にしているのが1枚のメモです。

たとえば、周りの人が「次は何をすればいいんだっけ？」と思い出している間に、私はすでにタスクを1つ終えています。メモを見れば「次に何をすればいいか」が一目瞭然なので、いちいち思い出す手間がないのです。

私はメモを見て、書いてあることをただ実行しているだけ。行動量が普通の人に比べて圧倒的に多いために、誰よりも行動力があるように見えているだけなのです。

ソフトバンクの孫正義さんは、「10秒以上考えるな」と部下たちに言うそうです。「10秒以上考えてもいい答えは出ない。わからないなら専門家に聞けばいいだけだから、それより行動しろ」というのです。

わからないことがあると、わかるまで考えようとしていませんか？　たしかに粘り強く考える姿勢は大切です。ときには、わかるまで考えることが求められることもあります。

でも、そのときはそのとき。毎回答えが出るまで考える必要はないのです。

顕在意識での思考を重ねるより、メモを書いて潜在意識に入れ、潜在意識に考えてもらいましょう。「思考を寝かせる」感覚です。

潜在意識に任せることで、悩む時間がなくなります。そして、やるべきことをやる。この行動の繰り返しが、行動量を増やすことにつながります。

まとめ

思考量よりも行動の絶対量を増やすことが大切。行動量を高めるためには、メモに行動することを書くこと。そうすることで、瞬時に行動に移せるようになる。

08

メモで人生を創造できる

自分の未来は、自分で自由に創れる

「1枚のメモがあなたの人生を変える」

この本の冒頭で、私は皆さんにこうお伝えしました。すぐに「なるほど！」と納得された方はほとんどいないと思います。最初は、

「いやいや、たかが紙1枚で無理でしょ」

「原さんだからできたんでしょ。私には無理」

そんなふうに、疑いの気持ちを持ちながらここまで読まれた方もいらっしゃるか

もしれません。

さて、改めて問いたいと思います。

「1枚のメモで、人生が変わる」

あなたは、これを信じられますか？

ここまで読み進めてくださったあなたなら、「自分にもできそう」と、気持ちが変わってきたのではないでしょうか？

私がお伝えしてきた**「紙1枚のすごいメモ」の話は、突拍子もない絵空事ではありません。才能やセンス、高度なやりくりが必要なものでもありません。極めて再現性の高いメソッド**なのです。

いまイメージしてみてください。あなたは神さまで、天界からあなた自身を見つめています。

紙1枚のメモは神さまのような存在

ここで言う神さまとは、宗教的な意味合いの神さまではありません。

物語をつづる小説家と考えると、わかりやすいかもしれません。原稿用紙の上で自由に動き回るキャラクターにとっては、話を紡ぎ出す小説家は神さまのようなものです。

神さまであるあなたには、時間の概念も場所の概念もありません。ですから、下界にいるあなたが到達したい未来、そして未来に至るルートは、神さま目線ではすべて見えています。

もしあなたが神さまだったとしたら、下界にいるあなた自身に、どのようにアドバイスしますか?

「もう少し進んだら大きな石があるから、つまずかないように」「あと少しでチャンスがやってくるから、準備しておきなさい」など、神さまの視点に立てばいろいろなアドバイスができるはず。

もうおわかりですよね。これこそが、1枚のメモの効能なのです。

あなたの現状、実現したいこと、そのすべてを俯瞰できるもの。

毎日書き直して最新のものにすることによって、常にルートを選択し直せるもの。

神さまの視点に立って、あなたを見つめ、導くもの。

それこそが、この1枚のメモなのです。

そこで私は、このメモを**「神さまの視点に立てるメモ=神メモ」**と名づけることにしました。

「神メモ」はたった1枚の白い紙ですが、あなたが想像している以上の場所にあな

神さまの視点に立てるメモ=神メモ

神さまの視点に立ってすべてを見渡せる「神メモ」。
神メモがあれば、今いる場所や行きたい場所、
そこまでのルートを神さまの視点で見つめることができるようになる。
神メモを使って、やりたいことをどんどん叶えていこう。

➔ 神さまの視点に立てば、人生が俯瞰できる

たを連れて行ってくれることを私が保証します。

まとめ

神さまの視点に立ってすべてを見渡せる「神メモ」。神メモがあれば、今いる場所や行きたい場所、そこまでのルートを神さまの視点で見つめることができるようになる。神メモを使って、やりたいことをどんどん叶えていこう。

第2章

やっぱり「紙1枚」が最強

09
神メモが人生の地図となり、目的地に連れて行ってくれる

「神の視点」で自分の行き先を見据えることができる

今いる場所から、海岸に向かって歩いて行きたいとしましょう。ただし、海そのものは見えていません。目的地がどこにあるかわからなければ、どの方向に歩いて行けばいいかわかりませんね。

そこで、背伸びして目線を高くしてみました。すると、海が見えるようになりました。これでもう大丈夫。どちらに向かえばいいのかわかります。

神メモも同じです。神さまのような高い視点ですべてを見渡すことによって、自

分の現在地から目的地、目的地に至るまでのルートを俯瞰できるのです。

「神の視点」のいいところは、未来目線を持ちながら目の前のタスクに向き合えること。

たとえば、まっすぐ進むだけだと、自分がどこに向かっているのか見失うことがあります。しかし「まっすぐ進めば、海に出る」という未来目線があれば、目的地を見失わずに歩き続ける（タスクをこなす）ことができるのです。

マクロで眺めてミクロで実行する

目的地にたどり着くためには、「マクロで眺めてミクロで実行する」ことが大事です。

先ほど、神メモを使うことで「神の視点」に立つことができるとお伝えしました。これが「マクロの視点」です。海という目的地が見えれば、あとはその方向に歩きさえすれば、やがて目的地にたどり着くことができます。

しかし、海までの大まかな方向がわかったからといって、何も気にせずにまっすぐ歩けばよいのでしょうか？

もしかすると途中に、高い山がそびえているかもしれません。ぬかるんだ土地が広がっているかもしれません。それでは山やぬかるみに行く手を阻まれ、うまく目的地にたどり着けない可能性があります。

目的地に到達するためには、マクロの視点だけでは不十分。「2つ目の角を右に曲がる」「左の道はぬかるんでいるので、右に迂回する」といった、細かい進路を把握して進まなければ、海岸にたどり着くことはできません。

目的地に到達するためには、やるべきことを作業レベルに落とし込んで1つ1つ実行していかなければならないのです。

これが「ミクロの視点」です。

マクロの視点で神メモを眺めたら、ミクロの視点でズームインして具体的な方法を作業レベルで洗い出す。ある程度作業を進めたらズームアウトして、マクロの視点で高いところから進捗を確認する。そしてまたミクロの視点でやるべきことを決めていく——。

この反復がとても重要です。神メモを使えば、マクロの視点とミクロの視点を行ったり来たりしながら確実に目的地に向かっていくことができるのです。

まとめ

神メモを使うことで、神さまの視点で俯瞰することができる。俯瞰というマクロの視点で現在地や目的地を把握したら、ミクロの視点で具体的な行動計画を立てていこう。

10 神メモの構造紹介

まずは基本の「型」をマスターしよう

いよいよ、神メモの中身についてご紹介していきます。

神メモは、1枚のコピー用紙とペンさえあれば、誰でも簡単に書けるもの。ただし白い紙に好きなように書けば、何でも叶うというわけではありません。

これから詳しく紹介していきますが、神メモには基本となる「型」があります。

この型に沿って書いていくことで、夢やタスクが可視化できます。

神メモは、目標を達成するために必要な行動を、タスクに落とし込むために使う

もの。実行可能なタスクに落とし込めたら、後は行動を重ねていけばいいのです。

神メモを書くためには、何の資格もいりません。知識を深める必要もありません。あなたがどんな状況で、どんな立場の人であれ、誰でも目標を達成して人生を豊かにするために活用できるのが神メモです。

再現性が高く、人を選ばない。誰でも活用でき、書き方を覚えたら後は続けるだけ。たった1枚の紙ではありますが、実はとても奥が深い極めて科学的なものなのです。慣れてくれば白紙の紙に自由に書いていただきたいのですが、まずは基本となる「型」をマスターしていただきたいと思います。

83ページをご覧ください。これが、神メモの基本型です。

神メモはたくさんのパーツに分かれているように見えますが、大きく分けるとたった4つです。

両側は、「**タスク**」を書く部分。最も大切なのが、中央の「**ミッション・ビジョン**」「**本業**」「**成長や喜び**」と書かれている柱です。この部分を、「**神センター**」と呼びます。神センターは、「**ロマン**」「**ソロバン**」「**チャージ**」で構成されています。

中央の一番上の「ミッション・ビジョン」と書かれたエリアが「**ロマン**」です。ロマンという名前の通り、ここは未来のことを書くエリアです。

次が「本業」。ここは「**ソロバン**」と呼びましょう。ソロバンには、お金を頂いている仕事のことや、仕事以外の生活の中心となるものを書いていきます。

一番下、「成長や喜び」の部分が「**チャージ**」です。「チャージ」は充電という意味を持つ言葉ですが、この欄は、あなたの土台となるもの、あなたが人としてエネルギーを充電できるものを書く欄です。

「チャージ」には、自分の成長や喜びに関すること、愛する家族や友人のことなどを書きましょう。

ちなみに、「ロマン」と「ソロバン」については、日本を代表する実業家であり「日

神メモ

氏名　　　　　　　　　　年　月　日

タスク

3年以内

仕事上：実現したいこと・しないといけないこと

プライベート：実現したいこと・しないといけないこと

2年以内

仕事上：実現したいこと・しないといけないこと

プライベート：実現したいこと・しないといけないこと

1年以内

仕事上：実現したいこと・しないといけないこと

プライベート：実現したいこと・しないといけないこと

神センター

あなたの主軸

ロマン（ミッション・ビジョン）

仕事上：何に導かれているのか? 何をどうしても実現したいのか?

プライベート：何に導かれているのか? 何をどうしても実現したいのか?

ソロバン（本業）

仕事上：お金を頂いている仕事の内容

プライベート：仕事以外の生活の中心

チャージ（成長や喜び）

仕事上：どんな学習をしたいか?

プライベート：自分や家族へのご褒美ややりたいこと

タスク

6カ月以内

仕事上：実現したいこと・しないといけないこと

プライベート：実現したいこと・しないといけないこと

3カ月〜1カ月以内

仕事上：実現したいこと・しないといけないこと

プライベート：実現したいこと・しないといけないこと

1週間〜本日

仕事上：実現したいこと・しないといけないこと

プライベート：実現したいこと・しないといけないこと

*303ページの巻末特典からシートをダウンロードできます

本資本主義の父」とも呼ばれている、渋沢栄一さんの思想にヒントを得ました。

彼の書いた『論語《ろんご》と算盤《そろばん》』という本がありますが、同書では、彼が生涯を通じて貫いた経営哲学が語られています。

彼は、道徳を追求して人格を磨くこと、そして利益を追求することは、どちらか一方だけでなく、どちらも大事であると説きました。私もこの考えに深く共感しています。

夢があっても、夢を実現するための資金がなければ夢に向かうことはできません。お金があっても、理念がなければ虚しいだけです。その意味を込めて、神メモでは、「論語」を「ロマン」と言い換えました。

夢（ロマン）とお金（ソロバン）、どちらもバランス良く大切にしていくことを、神メモではお伝えしたいのです。

「ロマン」「ソロバン」「チャージ」を簡単にまとめると、次のようになります。

・ロマン＝夢・目標・ミッション・ビジョン・やりたいこと
・ソロバン＝お金
・チャージ＝気力・体力

左右のスペースには「このときまでに実現したいこと」を書く

神センターの両側には、「タスク」を書いていきます。

左の柱を3つに分けて、上から順に「3年以内に実現したいこと・しないといけないこと」「2年以内に実現したいこと・しないといけないこと」「1年以内に実現したいこと・しないといけないこと」をそれぞれ書いていきます。

右側の柱も同じように3つに分け、上から「6カ月以内に実現したいこと・しないといけないこと」「1～3カ月以内に実現したいこと・しないといけないこと」「本日～1週間以内に実現したいこと・しないといけないこと」を書いていきます。

ちなみに、タスクの最長を3年にしたのには理由があります。今は変化が速いので、3年以上先のことは予測ができないからです。めまぐるしく状況が変わる現代社会。だから神メモも、3年を最長に設定しています。

まとめ

神メモは、「ロマン」「ソロバン」「チャージ」そして「タスク」を書くエリアに分かれている。ロマンには夢ややりたいことを、ソロバンには収入源を、チャージにはエネルギーの源を、タスクには実現したいこと・しないといけないことを書こう。

11 「神メモ」記入の4ステップ

【ステップ①】すべてのタスクを紙1枚に見える化する

神メモの狙いの1つは、すべてのタスクを1枚に書き出すことで「見える化」すること。ですから、プライベート、仕事、将来のこと、今日のタスクなど、今あなたが抱えているタスクのすべてを神メモに書き出しましょう。

タスクを書き出すときのポイントは、中央の「神センター」を意識しながら書くことです。「ロマン」「ソロバン」「チャージ」に書いたことを実現するために、タスク化して両側の欄に落とし込んでいくのです。

たとえば、ロマンのところに「素敵な人に出会う」という目標を掲げたとします。そうしたら、何ができるかを具体的にイメージして、タスクに落とし込んでいくのです。

まず考えたいのが、「そもそも自分は、どんな人のことを素敵と思うのか?」ということ。理想像がクリアになったら、次に、出会うために何が必要なのか、会ったときのために、自分自身がどう魅力的な人間になっておくのかをイメージしてください。外見も内面も準備するのです。

出会えたときに備えて自分をケアしたいと思うかもしれません。より魅力的に見えるように、メイクを変えてみたり、髪を切ってみたり、自分に似合う服を買ったりなど、さまざまな行動を起こしたくなるかもしれません。内面を磨くために、質の良い本をたくさん読むのも良いでしょう。

このように、**神センターを意識していくと、おのずと「目標を叶えるためにやるべきこと」が見えてきます。こうしてすべてのタスクを神メモに集約して可視化す**

ることで、「神メモさえあればすべてを把握できる」という状態になるのです。

やるべきことが可視化できていればすぐに行動に移せます。すべてのタスクの「見える化」が、あなたの時間効率を最大限に高めていくのです。

【ステップ②】「ロマン」に「長期の目標やタスク」すべてを書き出す

では、いよいよ実際に書いてみましょう（96〜97ページに書き方の例とポイントもまとめましたのでそちらもご参照ください）。

まずは中央の「神センター」から埋めていきます。書きやすいところから書き始めてかまいませんが、ここでは上から順に解説していきます。

「ロマン」の部分には、あなたが今思い描いている長期的な目標やミッションを書き出しましょう。あなたが何に導かれているのか、どうしても実現したいことは何なのか。そんなことを書いてほしい場所です。

たとえば仕事のことなら、会社の理念や経営方針。あなたが店長としてお店を任されているなら、お店の方針を書くといいでしょう。

私はここに人生のミッションを書いていますが、難しければ将来の夢、やりたいこと、達成したいことなどを、大小問わず書いてみてください。

海外留学がしたい、今取り組んでいることで賞を獲りたい、小説家としてデビューしたい、子どもがやりたいことをサポートできる親になりたい——。何でもかまいません。

「こんなこと、実現できないよね」などと頭で判断してしまわずに、自由に書いていきましょう。人は実現不可能なことは思いつきすらしないようにできていますから、心配は一切不要です。

これらの長期目標が、次に説明する1年後、2年後、3年後のタスクを書くときの指標になります。

人生をかけてやりたいことといわれても思いつかないわ……という場合は、現在思いつく「こうありたい。こうだったら理想的だ」と思う姿を書いてみてください。

プライベートであれば、「家族と幸せに暮らす」とか、「健康を維持する」「一生学び続ける」といった内容もいいですね。長期的な視点を持ったときに実現したいことを、好きなだけ書いてみてください。

「ミッションと呼べるほどの大きなものがない」という方は、自分の**「クレド」**を書いてみるのはいかがでしょうか?

「クレド」はラテン語の「credo」のことで、信条や志、約束を意味する言葉です。たとえば、「家族を大事にする」「プロフェッショナルとしての誇りを持って仕事をする」など、あなたが日頃から掲げている志や、「こうありたい」と思う姿を「クレド」にして書いてみるといいでしょう。

「クレド」に身構えてしまう人は、**「自分が大切にしていること」**について思い浮かべてみてください。たとえば、「遅刻をしない」「いつも笑顔に」「部下に優しく」など、日頃心がけていることはありませんか?

「無駄遣いをしないで、生きたお金の使い方をする」「無茶をしない」「嫌なことは断る」など、自分を守るために決めていることはありませんか？　それらを思いつくままに、書いてみましょう。

ところで、長期的な目標やミッションは一度設定したら変えてはいけないものだと思う人もいるかもしれませんが、そんなことはありません。目標もミッションも自分クレドも、あなたが成長し変化するのと同じように、どんどん変わっていくものだからです。

大切なことは、仮でもいいから目的地を設定すること。現在地と目的地が明らかになることによって、地図が有効なものとなり、目的地に向けた最初の一歩が踏み出せます。仮にでもいいから、今の目的地を書く。これは、宝の地図に命を吹き込む偉大な一歩なのです。

ロマンを書いていく途中で、「2年以内に独立するなら、今年中に資格試験に合格しなければ」「今年合格するためには今何をすればいいのだろう」というように、ゴールを見据えて今するべきタスクが見えてくればしめたものです。

【ステップ③】「ソロバン」に取引先や収入源のすべてを書き出す

中央の「ソロバン」のエリアには、今の生活を支えるものを書き出しましょう。取引先やプロジェクトの内容、勤めている会社の名前や副業先、アルバイトの仕事や自分が取り扱っている商品、収入源となるものなどをどんどん書いていきます。

プライベートでは、「親孝行をする」「お墓参りに行く」「家族で月に1度食事に行く」というような、仕事以外で生活の中心になることについて書いてみてください。

私はコンサルタント業も行っていますので、ソロバンの欄には**顧問先の会社名をすべて書く**ようにしています。もしあなたが人材育成の仕事をしているのなら、社員の名前を書いてみるのもいいでしょう。多すぎて書けないときは、キーマンとなる人の名前だけでも書いてみましょう。

学生なら、学力をつけること、それがどう社会につながるのかなどを書いてみてください。**主婦（主夫）**なら、日々の段取りや地域で知り合った人の名前、親戚や家族の名前を書くと良いでしょう。

リタイアした方は、夢やこれから付き合っていきたい人の名前、どう社会貢献していくのか、何を残していくのかなどを書いてみてください。

【ステップ④】「チャージ」にはあなたの土台をつくるものを書く

最後が、一番下の「チャージ」のエリアです。ここには、目標やミッションを達成するために学習したいと思っていることや、自分・家族へのご褒美、プライベートでやりたいことなどを書いていきましょう。ロマンのところと内容が重複しても問題ありません。

あなたはどんなことを学びたいですか？「このスキルを身につければ仕事で

もっと活躍できる」というものがあれば、書いてみましょう。また、プライベートでは、自分や家族へのご褒美、やりたいことについて自由に書いてみてください。たとえば私なら、娘のピアノの発表会の日や、家族旅行の計画、今とてもはまっているトライアスロンのことなどを、この欄に書いています。

あなたは、何をしているときに幸せを実感しますか？ 映画を観ているとき、コーヒーを飲んでいるとき、読書をしているとき、美味しいご飯を家族で食べているとき――いろいろな幸せの形があると思いますから、楽しみながら書いてみてください。

まとめ

神メモの狙いの1つは、すべてのタスクを紙1枚に書き出すことで「見える化」すること。プライベート、仕事、将来のこと、今日のタスクなど、今あなたが抱えているすべてを書き出そう。

「神メモ」の記入例（飲食店店長）

神メモ　氏名＿＿＿＿＿＿　　年　月　日

タスク

3年以内

仕事上｜実現したいこと・しないといけないこと

- 3店舗の統括店長
- 過去最高業績達成
- アメリカ視察
- 年収800万円

プライベート｜実現したいこと・しないといけないこと

- 家族旅行
- 両親を連れて温泉
- 自転車レースに出場
- マイホーム購入

2年以内

仕事上｜実現したいこと・しないといけないこと

- 2店舗の統括店長
- 過去最高業績達成
- アジア視察
- 年収650万円

プライベート｜実現したいこと・しないといけないこと

- 自転車80キロ完走
- 欲しい家具を買う
- マイホームの頭金を貯める
- プライベートジムに通う

1年以内

仕事上｜実現したいこと・しないといけないこと

- 次期店長を育てる
- 過去最高業績達成
- 東京視察
- 年収550万円

プライベート｜実現したいこと・しないといけないこと

- 体重80キロ
- 自転車30キロ完走
- 高級焼肉を食べに行く
- 友人と1泊で温泉旅行

神センター

ロマン（ミッション・ビジョン）

仕事上｜何に導かれているのか？何をどうしても実現したいのか？

- 物心両面の幸せを創造
- 自社の発展
- 物販事業部の発展
- 結果を出して店舗存続

プライベート｜何に導かれているのか？何をどうしても実現したいのか？

- 健康（体重75キロをキープ）
- 家族の幸せ
- 一生学び
- 自己成長

ソロバン（本業）

仕事上｜お金を頂いている仕事の内容

- 売り場づくり
- 人材育成
- 販売促進
- 業績好調の維持

プライベート｜仕事以外の生活の中心

- 自転車を楽しむ・親孝行
- 家族との時間を大切にする
- 友人と食事する
- 好きな漫画や映画を観る

チャージ（成長や喜び）

仕事上｜どんな学習をしたいか？

- 会社設立の思いを知る
- マネジメントセミナーの受講
- 異業種交流会で刺激をもらう

プライベート｜自分や家族へのご褒美ややりたいこと

- 英語トレーニング
- 好きなバーボンを飲む
- 家族で日帰り旅行
- 好きな漫画を大人買い

タスク

6カ月以内

仕事上｜実現したいこと・しないといけないこと

- お店の原価を37%にする
- ベストのシフトを組む
- 過去最高日商を出す
- 夏のボーナスをもらう・社長賞をもらう

プライベート｜実現したいこと・しないといけないこと

- 体重83キロ
- 自転車10キロ完走
- 好きなお酒を飲みまくる
- 好きな映画を観まくる

3カ月～1カ月以内

仕事上｜実現したいこと・しないといけないこと

- ベストのシフトを組む
- 人件費率を25%以内にする
- 販促のチラシの完成と配布

プライベート｜実現したいこと・しないといけないこと

- 炭水化物を夕食に食べない
- 自転車の練習
- スキーかスノボに行く
- 好きなワインで乾杯する

1週間～本日

仕事上｜実現したいこと・しないといけないこと

- 新メニュー表のチェック
- 店舗SVとの臨店・シフトづくり
- 発注とその確認・メール返信
- 店内ミーティングの実施

プライベート｜実現したいこと・しないといけないこと

- 娘の宿題を手伝う・銀行への振込
- 母の介護の付き添い
- 大型ゴミの持ち込み
- 海までランニング

「神メモ」記入上のポイント

記入項目	仕事上	プライベート
❶ ロマン（ミッション・ビジョン）	会社やお店の長期方針や経営理念などを書きます。	個人として長期的に達成したい内容を書きます。
❷ 3年以内	職位の向上、売上目標、環境の改善、年収などの目標を書きます。	個人や家族の夢、理想のライフスタイル、趣味などについて書きます。
❸ 2年以内	上記3年以内の目標の手前の状況や、その他達成したい内容を書きます。	個人や家族の夢、理想のライフスタイル、趣味などについて2年以内に達成したいことを書きます。
❹ 1年以内	上記2年以内の目標の手前の状況や、1年で達成できそうな項目を書きます。	個人や家族の夢、理想のライフスタイル、趣味などについて1年以内に達成したいことを書きます。
❺ 6カ月以内	現状と年間目標を照らし合わせて、中間地点の目標を明確化します。	個人や家族の夢、理想のライフスタイル、趣味などについて、現状と年間目標を照らし合わせて、中間地点の目標を明確化します。
❻ 3カ月〜1カ月以内	現状から見て、3カ月〜1カ月以内に達成できそうな目標を書きます。	個人や家族の夢、理想のライフスタイル、趣味などについて、3カ月〜1カ月以内に達成できそうな目標を書きます。
❼ 1週間〜本日	今日および1週間以内にすべき仕事を考えて書きます。	今日および1週間以内に、個人・家庭において、やりたいこと、すべきことを書きます。
❽ ソロバン（本業）	お金を頂いている仕事、あなたの収入源を書きます。	仕事以外の生活の中心と考えていることを書きます。
❾ チャージ（成長や喜び）	ミッション・ビジョンや目標を達成するために、学習したいと思っている内容を書きます。	自分や家族へのご褒美、やりたいことを書きます。

12 神メモ実践例

【実践例①】仕事・プライベートも両立可能に

それでは、神メモの具体的なポイントの説明に入る前に、イメージをつかんでもらうために、神メモの実践例をお伝えしましょう。

まずは、2人のお子さんの母親、フリーランスで働くライター、Kさんの例です。

Kさんの11歳の長男は知的にハンディキャップがあり、支援学校に通っています。

また、6歳の長女は年長さんで、基本的に毎日14時にお迎えに行かねばなりません。

そのためKさんが働けるのは平日昼の9時半から13時半の4時間だけ。あとは、お子さんたちが寝た後になります。

しかし、いろいろと手のかかる子育てをしていても、彼女は仕事をすることを諦めませんでした。

Kさんが神メモに出会ったのは、2019年7月、私（原）が神メモの書き方を教えたことがきっかけでした。

彼女の初めて書いた神メモは、プライベートの欄がずらりと列んでいましたが、その一方で、左上の3年以内にやることが空欄でした。当時9歳と4歳だった兄妹の予定はずらりと列ぶのに、自分の将来については十分に見つめることができていなかったのです。

しかし、書いてみて**「頭の中が棚卸しされた」**と感じた彼女は、そこからご自身の生活に神メモを取り入れ、書き写し続けました。

「神メモを書く時間があれば寝たい」、そう思う日もあったと言います。けれども書いていくうちに、この**神メモにさえ書いておけば安心して忘れられる**ことに気が付き、以降、「神メモだけは書こう。そのほうが結局、自由な時間が増える」と思ったそう（左ページがKさんの最近の神メモ）。

子育てと仕事を両立する際に神メモを取り入れることについて、「子育て中にこそメモが威力を発揮する」とKさん。子どもの生活を中心に働く時間のほうを調整するスタイルを貫くには、いかに仕事から育児、育児から仕事へ、1秒でも早くモードを切り替えるかが勝負なのだそう。

「どんなに集中してノリノリでライティングしていても、ズームで白熱の取材が繰り広げられていたとしても、子どものお迎え時間は待ってくれません」

けれども、たとえお迎え時間の直前までバリバリ働いていたとしても、いったん子どもと会ったら、目の前の子どもと公園遊びなり、習いごとなりに集中できる。

これこそが神メモのマジックなのです。

Kさん（フリーランス・2児の母親）の「神メモ」

神メモ　氏名　　　　　　　　　　年　月　日

タスク

3年以内

仕事上　実現したいこと・しないといけないこと

- 手がけている雑誌がブームになっている
- 本×体験型学習の文化をつくる

プライベート　実現したいこと・しないといけないこと

- 父と一緒に過ごす時間を増やす

2年以内

仕事上　実現したいこと・しないといけないこと

- 雑誌 vol.5 まで刊行
- 大人の遠足企画＆開催

プライベート　実現したいこと・しないといけないこと

- ペルーのアルパカ祭に参加する

1年以内

仕事上　実現したいこと・しないといけないこと

- 雑誌 vol.3、4 刊行
- 本 × 人生の棚卸しセミナー開催

プライベート　実現したいこと・しないといけないこと

- 入学準備
- 学童選定
- リビングをセミナールームにする

神センター

ロマン（ミッション・ビジョン）

仕事上　何に導かれているのか？何をどうしても実現したいのか？

- 本や教育を通じて、自分を含む世界平和、人々の幸福に貢献したい

プライベート　何に導かれているのか？何をどうしても実現したいのか？

- 誰もが多様性を認めることのできる社会をつくる

ソロバン（本業）

仕事上　お金を頂いている仕事の内容

- 取材ライティング
- 編集
- 出版のディレクション

プライベート　仕事以外の生活の中心

- 長男と長女の子育て
- 小学校受験の対策

チャージ（成長や喜び）

仕事上　どんな学習をしたいか？

- オーディオブック、YouTube、書籍紹介について知る

プライベート　自分や家族へのご褒美ややりたいこと

- キャンピングカー購入

タスク

6カ月以内

仕事上　実現したいこと・しないといけないこと

- ○○さん本編集
- アレルギー映画
- 自著刊行

プライベート　実現したいこと・しないといけないこと

- 願書
- キャンプ
- 子ども部屋をつくる（模様替え）
- 断捨離

3カ月〜1カ月以内

仕事上　実現したいこと・しないといけないこと

- ○□さん脱稿
- 雑誌 vol.4 人選

プライベート　実現したいこと・しないといけないこと

- 九州家族旅行、宿予約
- 療育スケジュール 8月分提出
- 受験校決定
- スポーツ療育みつける

1週間〜本日

仕事上　実現したいこと・しないといけないこと

- □□さん企画書作成
- 請求書作成
- 振り込み

プライベート　実現したいこと・しないといけないこと

- 御中元のお礼状
- 学校公開 zoom 参加
- 長男 引き取り訓練
- 長女 学期面談 zoom

固有名詞、キーワードで具体的に書かれていて、すごく良いです

留意事項はすべて神メモに預け、翌日、また子どもが学校に行ったときに、サッとメモを見ることで1秒で仕事モードに入れる。「これが、働くママがメモを使う最大の効果ではないか」とKさんは言います。

実は、こうしたON、OFFの切り替えが力を発揮するのは、働くママだけではありません。メモに預けることによって、休みたいときには「あれもやらなくちゃ、これもやらなくちゃ」と混乱することなく仕事モードをOFFにし、次に仕事を始める際に、**メモを見るだけですぐさまONにできる**のです。

2年間、神メモを使い続け、彼女は今、ライターをしながら自分で出版社を立ち上げ、ワクワクと働いています。

神メモなら、仕事もプライベートも両立可能なのです。

【実践例②】メモに書いたものは大小問わず、次々と叶う

神メモ、私（原）の実践例です。

私がＴＥＤに出たいと最初に思い立ったのは２０１２年、４月２日のことです。

私はＴＥＤに関しては、センターに書いて最大目標に掲げました。

ＴＥＤだけでなく、「ＷＩＳＥ（世界教育革新サミット）グランプリ獲得」や「アニメをつくりアカデミー賞」など、私が叶えたい最高の未来をメモにどんどん書き込んでいきます。

長年、この**メモを活用していると、「書いたことは叶う」という思考回路が確信を得るようになります。**

なぜなら、大きなことから日常のほんの小さなことまで、メモに書いたものは次々と叶うということを体感し続けているからです。

この自己信頼の高い状態こそが私の行動力の源であり、今回のＴＥＤｘ出演も、神メモなしでは叶うことのなかったものです。

１０５ページの写真は、私が実際に書いた神メモの束です。この１枚１枚に、８

年間以上、私は「ＴＥＤ」と繰り返し書き続けました。

おかげで、出演に至るまでの間にも、ＴＥＤにつながりそうなさまざまな情報が次々と飛び込んできました。私が決めたのは、「ＴＥＤに出る」という未来だけです。あとは、日々、神メモに書き続け、トライアンドエラーを繰り返すだけです。


神メモに書き、チャンスが掴めるまで、取りに行くことを諦めなければ、どんな夢でも叶います。


現に、私はＴＥＤｘにも出ることができました。最初のＴＥＤｘはチュニジアです。「ほめ育」を世界に広める活動の一環で、ジャパンタイムズで一面いっぱいに取り上げられ（ニューヨークタイムズと姉妹紙）、世界中に配信されていたので、主催者から「興味がある」とメールが届いたのです。

これも、決めて行動するという考え方がもたらした結果と言えるでしょう。

左ページの写真のように、私の場合は、神メモをフリーハンドで書いていますが、前項の**「基本型」をマスターしたら、メモはどのような形式でも自由です。あなた**

原が毎日書き続けている「神メモ」の一部

➔ 神メモに書くことで、夢に関連するさまざまな情報が入ってくる

の好きなようにアレンジしてください。

【実践例③】神メモの記入例5連発

いかがでしたでしょうか。107～111ページに、会社員の方や経営者さん、学生さんなど、神メモの実践例を掲載いたしましたので、そちらを参考にしながら、まずはあなたなりに神メモを書いてみてください。

まとめ

神メモを書くことで仕事とプライベートを両立でき、大小問わず夢も実現する。基本型をマスターしたら、フリーハンドで好きなように書こう。

「神メモ」記入例（会社員・2児の母親）

神メモ　氏名＿＿＿＿＿＿＿＿　　年　月　日

タスク

3年以内

仕事上　実現したいこと・しないといけないこと

・昇給
・信頼のおける社員となる
・職場環境の改善を図る

プライベート　実現したいこと・しないといけないこと

・娘たちの個人部屋をつくってあげたい
・英語に対する自信をつけていたい
・健康的な身体を手に入れ、やせていたい

2年以内

仕事上　実現したいこと・しないといけないこと

・指導力、説得力のあるスタッフになる
・自分なりの意見や意思を持ち、必要なときに適確な答えを出せるようになる

プライベート　実現したいこと・しないといけないこと

・お金の流れを見直す
・長女の高校受験のサポート
・次女の生活習慣の確立

1年以内

仕事上　実現したいこと・しないといけないこと

・自覚と自信を持って仕事をする
・傾聴する力をつける
・周りを見ながら動ける人材になる

プライベート　実現したいこと・しないといけないこと

・TOEIC730点超え
・英検準１級合格
・健康診断の結果と向き合う

神センター

ロマン（ミッション・ビジョン）

仕事上　何に導かれているのか？何をどうしても実現したいのか？

・自身の成長
・職場での存在意義を実現（いて良かったと思ってもらえる社員を目指す）
・ブレない心を持ち続ける

プライベート　何に導かれているのか？何をどうしても実現したいのか？

・主人に協力してくれるよう働きかけ、娘たちの望みを叶えてあげたい
・２次試験、グループレッスンに積極的に挑めるよう自信をつける　・やせるための努力をする

ソロバン（本業）

仕事上　お金を頂いている仕事の内容

・女性チームのリーダーとなる
・現場と本社との架け橋となる
・人材育成の助けとなる

プライベート　仕事以外の生活の中心

・主婦、母、妻として、また時には嫁として、バランスよく動く
・みんなを元気づけられるような存在となる

チャージ（成長や喜び）

仕事上　どんな学習をしたいか？

・自信のない点について、練習や見直しを行う
・日々発見を感じられるような生活を心がける

プライベート　自分や家族へのご褒美ややりたいこと

・英語学習に対する自信をつけ、モチベーションアップにつなげたい
・健康的に美味しいものを食べたい

タスク

6カ月以内

仕事上　実現したいこと・しないといけないこと

・不安な部分をなくし、必要に応じて見直し、練習をする
・自信と場をわきまえた発言や行動を心がける

プライベート　実現したいこと・しないといけないこと

・家族内での明るい会話
・間違いを恐れず積極的に会話に参加する
・食生活、運動を頑張って改善する

3カ月～1カ月以内

仕事上　実現したいこと・しないといけないこと

・お客様、スタッフの話から日々発見できるよう、モチベーション高く対話する
・知識の見直しを行う

プライベート　実現したいこと・しないといけないこと

・ジム通いを再開する
・英語を話すことに対する自信をつける

1週間～本日

仕事上　実現したいこと・しないといけないこと

・元気に明るく、心も身体も免疫力UP
・しっかりリフレッシュして活力UP

プライベート　実現したいこと・しないといけないこと

・資格試験準備
・お世話になる病院を選定
・食生活、体力づくりについての見直し

前向きな決意が端的に表現されていてGood

「神メモ」記入例（管理職・父親）

神メモ　氏名　　　　　　　　年　月　日

タスク

3年以内

仕事上　実現したいこと・しないといけないこと

・事業拡大
・年収1000万
・海外事業も視野に入れる
・業務自動化　・拠点を増やす

プライベート　実現したいこと・しないといけないこと

・家族と海外旅行
・ランク上の家を購入
・ランク上の車購入　・高級料理を嗜む　・高級家具を購入

2年以内

仕事上　実現したいこと・しないといけないこと

・起業する　・年収800万
・副業で身につけたスキルを活かす
・経営を安定させる
・有能な人材教育

プライベート　実現したいこと・しないといけないこと

・ジムに通う　・アルバム製作
・MV製作
・必要スキルを学ぶ
・キャンプする

1年以内

仕事上　実現したいこと・しないといけないこと

・年収500万　・独立するための地固め
・副業の収入をアップ（30万）
・起業するための資金を貯蓄
・事業拡大のための営業

プライベート　実現したいこと・しないといけないこと

・家族旅行　・車購入
・プランク上級が楽々になる
・美味しいものを食べに行く
・筋力アップ

神センター

ロマン（ミッション・ビジョン）

仕事上　何に導かれているのか？　何をどうしても実現したいのか？

・将来を見据えての行動
・1歩1歩確実に成果を出す
・家族との時間は大事にする
・起業への挑戦　・家族との幸せ

プライベート　何に導かれているのか？　何をどうしても実現したいのか？

・健康第一　・家族の幸せ
・一生学び　・自己成長
・事業成功

ソロバン（本業）

仕事上　お金を頂いている仕事の内容

・医療機器、理化学機器の修理受付業務
・検品業務　・人材管理
・現場管理

プライベート　仕事以外の生活の中心

・家族との時間　・アニメ鑑賞
・音楽製作　・副業の勉強
・英会話の勉強

チャージ（成長や喜び）

仕事上　どんな学習をしたいか？

・経営学を学ぶ　・英会話の上達
・副業のスキルアップ
・プログラミングスキルアップ
・音楽製作のスキルアップ

プライベート　自分や家族へのご褒美ややりたいこと

・ルンバ購入　・iPad購入
・家族で旅行する
・アップルウォッチ購入
・車購入

タスク

6カ月以内

仕事上　実現したいこと・しないといけないこと

・副業の収入をアップ（10万）
・業務拡大に貢献する
・収益率アップ　・ボーナスアップ
・副業のスキルアップ

プライベート　実現したいこと・しないといけないこと

・体重55kgをキープ
・筋力アップ　・イラスト作成
・クリエイティブなことにも挑戦
・音楽製作

3カ月〜1カ月以内

仕事上　実現したいこと・しないといけないこと

・副業の収入アップ（5万）
・作業の効率化
・来期に向けての営業
・人材育成　・副業のスキルアップ

プライベート　実現したいこと・しないといけないこと

・目標体重55kg　・家族と過ごす
・プランク中級が楽々になる
・車の免許を取りに行く
・冬アニメを鑑賞する

1週間〜本日

仕事上　実現したいこと・しないといけないこと

・ライティングスキルアップ
・副業について学ぶ　・経営について学ぶ
・副業の収入をアップ
・プログラミングを学ぶ

プライベート　実現したいこと・しないといけないこと

・目標体重58kg　・秋アニメを鑑賞する
・プランク中級をクリアする
・ネット環境を良くする
・休みの間、子どもといっぱい触れ合う

目標年収や目標体重など数字が入っていてバッチリです

「神メモ」記入例（経営者）

神メモ　氏名＿＿＿＿＿＿＿＿　　年　月　日

タスク

3年以内

仕事上　実現したいこと・しないといけないこと

・海外進出　・日本地域に出店
・顧客が全国に広がる
・売上年間1000万
・有名な大きな出店先に出る

プライベート　実現したいこと・しないといけないこと

・お客様の前に立つため美容強化
・語学上級レベルに　・貯金1000万
・海外の友人を１人増やす
・洋裁レベルアップ

2年以内

仕事上　実現したいこと・しないといけないこと

・大ヒット作をつくる　・売上月150万
・１週間で80枚売れる大ヒット作をつくる
・出店すれば即完売

プライベート　実現したいこと・しないといけないこと

・インドに視察に行く　・貯金800万
・インド以外の海外への視察を兼ねた旅行
・語学中の上のレベルに

1年以内

仕事上　実現したいこと・しないといけないこと

・コロナ休業後の飛躍・新しいラインの作品発表
・コロナ前よりさらに私らしい作品づくり
・東京、関東方面の出店強化
・１回の出店で50万から100万

プライベート　実現したいこと・しないといけないこと

・語学の勉強を続ける
・美容と自分のファッションが仕事のモチベーションにもなるため、自分のおしゃれにも気を使う
・洋裁レベルアップ

神センター

ロマン（ミッション・ビジョン）

仕事上　何に導かれているのか？　何をどうしても実現したいのか？

・ブランドを全国で有名にしていく
・私の代名詞となる大ヒット作をつくる
・ブランド名を誰かがどこかで聞いたことがあるぐらいの知名度に
・まずはアジアのどこかの地域に出店

プライベート　何に導かれているのか？　何をどうしても実現したいのか？

・美容にお金がかかるので仕事頑張る
・海外進出のため海外視察と旅行を増やす
・海外進出のための語学２カ国語のレベルを上げる必要性がある

ソロバン（本業）

仕事上　お金を頂いている仕事の内容

・デザインの種類を増やす
・新しいデザインや素材などをどんなときも常に探す
・材料の開拓　・顧客開拓を続ける

プライベート　仕事以外の生活の中心

・２カ国語の勉強を続ける
・海外の友人をつくるための努力をする
・同業者の厳選した友人を１人増やす
・洋裁レベルアップ

チャージ（成長や喜び）

仕事上　どんな学習をしたいか？

・ブランクを感じさせないため、常に仕事のことを考えて準備しておく
・コロナ収束後即動くための自分の体力キープ

プライベート　自分や家族へのご褒美ややりたいこと

・オーケストラとバレエ鑑賞の趣味を知識豊富なレベルに
・鑑賞友をつくりたい
・月最低でも３回は鑑賞に行く

タスク

6カ月以内

仕事上　実現したいこと・しないといけないこと

・出店の営業を最優先にする
・全力でコロナ後いよいよ再出発
・３年後の世界進出も視野に入れての情報収集　・再開後の飛躍

プライベート　実現したいこと・しないといけないこと

・自分のブランドを着こなして売上強化するための美容　・日本全国での出店後、効率良く売上を取れるところを絞っていく　・その後まずアジアに出店

3カ月〜1カ月以内

仕事上　実現したいこと・しないといけないこと

・来秋冬の作品準備完了
・春夏のサンプル製作終了
・いつでも新作をつくれる状態を準備しておく
・コロナ収束と同時に動ける体制を整えておく

プライベート　実現したいこと・しないといけないこと

・語学の勉強を続けておく　・美容
・自分のつくりたいものをぶれないように持ち続ける
・気持ちが折れないための行動

1週間〜本日

仕事上　実現したいこと・しないといけないこと

・春夏新作のデザイン決定
・新作づくりに集中する
・刺繍作品の仕上げ

プライベート　実現したいこと・しないといけないこと

・すぐに動ける準備をしておく
・サンプルの準備　・新しい仕事上の挑戦や、新しい友人をつくるためのアンテナを張っておき、即行動

「ロマン（夢）」と「ソロバン（必要なお金）」のバランスが取れた良い見本です

「神メモ」記入例（タレント）

神メモ　氏名＿＿＿＿＿＿＿＿　　年　月　日

タスク

3年以内

仕事上｜実現したいこと・しないといけないこと

- 自分の番組が成功する　・年収650万円
- インフルエンサー、タレントとしての確固たる地位の確立
- 海外の番組からのオファー

プライベート｜実現したいこと・しないといけないこと

- 海外旅行
- ウッドデッキをつくる
- 声をかけられまくる
- 子どもと夫とキャンプにハマる

2年以内

仕事上｜実現したいこと・しないといけないこと

- ファッションショー　・声優オファー
- 地上波番組に定期的に出演
- 年収450万円　・ブログアクセス3万over　・インスタフォロワー5万人over

プライベート｜実現したいこと・しないといけないこと

- 自分たちの家を建てる（マイホーム）
- 庭で子どもたちとプール
- 友人や家族とBBQやグランピングにいく

1年以内

仕事上｜実現したいこと・しないといけないこと

- イメージモデル　・年収300万円
- MC、レポーターのオファー獲得
- ダイエットに関する知識をブラッシュアップ
- 地上波番組出演　・簿記3級GET

プライベート｜実現したいこと・しないといけないこと

- 背筋のパンプアップ
- 沖縄への家族旅行
- 夫、子どもたちの健康を守る

神センター

ロマン（ミッション・ビジョン）

仕事上｜何に導かれているのか？何をどうしても実現したいのか？

- 金持ち、有名人
- 土台をつくり、オファーが絶えず来る
- 結果を出し、オファー継続

プライベート｜何に導かれているのか？何をどうしても実現したいのか？

- 健康、見られる背筋づくり
- 学び続ける　・自己成長
- お金に強くなる
- 家族の健康を守る

ソロバン（本業）

仕事上｜お金を頂いている仕事の内容

- YouTube番組出演
- 家づくりプロジェクト
- タレント
- インフルエンサー

プライベート｜仕事以外の生活の中心

- 派遣の仕事
- 子どもたち、主人（家族）
- 筋トレ、ダイエット

チャージ（成長や喜び）

仕事上｜どんな学習をしたいか？

- アドビの動画編集の本を探し見つける
- 簿記3級について学びだす

プライベート｜自分や家族へのご褒美ややりたいこと

- 背筋トレーニング
- 家族との日帰り旅行
- 読みたいマンガの一気レンタル

タスク

6カ月以内

仕事上｜実現したいこと・しないといけないこと

- 小顔になる
- YouTuberデビュー（自分のチャンネル）
- 動画の編集のマスター

プライベート｜実現したいこと・しないといけないこと

- 背筋のパンプアップ（1.5倍）
- 出版のオファーが来る
- 洋服を購入

3カ月〜1カ月以内

仕事上｜実現したいこと・しないといけないこと

- 発声練習の強化
- 口周りの運動
- ボイトレ
- アドビ編集実践する

プライベート｜実現したいこと・しないといけないこと

- 引っ越し、片づけ完了
- 子どもたちと家、外で遊ぶ
- 夫と仲良くする

1週間〜本日

仕事上｜実現したいこと・しないといけないこと

- PC、iPadの設定
- ブログで1カ月正月太り解消ネタ作成

プライベート｜実現したいこと・しないといけないこと

- 引っ越し準備（ダンボールに詰める）
- 夜ご飯の買い物追加
- 子どもたちと主人をほめる

キーワードを見るだけでワクワクする内容になっています

「神メモ」記入例（大学生）

神メモ 氏名＿＿＿＿＿＿＿＿＿＿　　年　月　日

タスク

3年以内

仕事上｜実現したいこと・しないといけないこと

- リピーターを増やす ・口コミを広げる
- インスタのフォロワーを増やす
- 仕事を依頼されるようになる
- オリジナリティを増やす

プライベート｜実現したいこと・しないといけないこと

- ○○県に住めるようにする
- 自分の夢を確立する
- 企業を絞る ・本をたくさん読む
- 海外旅行へ行く

2年以内

仕事上｜実現したいこと・しないといけないこと

- 効率を上げる ・自分以外の仕事もする
- アイデアを提案できるようになる
- 店を引っ張るリーダーになる
- インスタの宣伝準備

プライベート｜実現したいこと・しないといけないこと

- 英語力の強化 ・人間的な成長
- 知識を豊富にする
- お金の管理をしっかりする
- 人脈を増やす

1年以内

仕事上｜実現したいこと・しないといけないこと

- 知識を増やす ・視野を広くする
- 自分から率先しておすすめする
- 言葉遣いをさらに意識する
- 新しいバイトの子の指導をする

プライベート｜実現したいこと・しないといけないこと

- 大学の友人と旅行に行く
- 外国の友達と会う
- 体脂肪率1桁 ・サッカーの練習
- 映画をたくさん観る

神センター

ロマン（ミッション・ビジョン）

仕事上｜何に導かれているのか？ 何をどうしても実現したいのか？

- 県外で働きたい。特に○○県。魅力的な街だから。そこで働きたい
- 社会人になると同時に、また1から自分の新しい居場所をつくってみたい。そのための下調べも怠らない

プライベート｜何に導かれているのか？ 何をどうしても実現したいのか？

- 今お付き合いしている人と同居に向けて色々な決め事をしたい
- 大事な人と住む家だから前々から準備して良い拠点を見つけたい

ソロバン（本業）

仕事上｜お金を頂いている仕事の内容

- ホールスタッフとして、お客様の案内、食品の提供および会計
- また、ドリンクや簡単な料理をつくったり、食器を洗ったり ・時にはSNSの更新

プライベート｜仕事以外の生活の中心

- 基本は大学生なので大学で講義を受ける
- 休日は地元のサッカーチームの試合、趣味のカフェ巡り、映画鑑賞、旅行

チャージ（成長や喜び）

仕事上｜どんな学習をしたいか？

- プログラミングの勉強
- TOEIC対策 ・業界研究
- 企業調べ ・英検対策

プライベート｜自分や家族へのご褒美ややりたいこと

- ギフト券を買う ・マッサージをする
- 旅行へ行く
- 新しいスマホを買う
- ギフト券をあげる

タスク

6カ月以内

仕事上｜実現したいこと・しないといけないこと

- 知識をつけるためにまず基礎復習
- 失敗を恐れない ・先輩の動きを見て学ぶ
- 実際にプログラミングしてみる
- 上級の本を買ってみる

プライベート｜実現したいこと・しないといけないこと

- 新学年でも単位を落とさない
- ボランティア参加 ・資格講座の受講
- 新しい分野に挑戦
- 心理学を学ぶ

3カ月〜1カ月以内

仕事上｜実現したいこと・しないといけないこと

- プログラミングの本を読む
- 実践経験を積む ・自立する
- 業績を上げる
- 簡単な仕事を1人でやってみる

プライベート｜実現したいこと・しないといけないこと

- 友人を増やす ・雑学をつける
- USJへ行く
- 1人旅をする
- 体力をつける

1週間〜本日

仕事上｜実現したいこと・しないといけないこと

- 来月のシフト確認
- 新メニューの暗記
- おすすめのお酒を調べる
- お店の掃除 ・指導範囲の確認

プライベート｜実現したいこと・しないといけないこと

- 学校の課題 ・大掃除
- 親戚挨拶
- 新しいバイトを探す
- テスト勉強

箇条書きでハッキリ網羅的に書かれていて、何をしたいか一目でわかります

13 神メモで、すべてが バランス良く手に入る

「ロマン」と「ソロバン」は、どちらも同じくらい重要

「ロマン」は夢や目標を、「ソロバン」はお金について書く欄でした。ロマンに書いたことを実現させるためにも、ソロバンはとても大切な役割を持っています。

ロマンが大きいのにソロバンがないとなると、「理想ばかり追いかけて、地に足がついていない」という状態になってしまい、ロマンを実現することができません。

ソロバンはいわゆる「ロマンを実現するための経費・投資」と言ってもいいでしょう。

ミッションや目標を実現するために、果たして月にいくらくらいなら投資できると考えているのか。ここをしっかり書けなければ、ロマンは叶いません。

「ほめ育」を世界に広げたいと考えていた私は、とにかく先行投資で海外に渡航してセミナーを開催したり、要人と思える人とアポイントを取ったりしなければなりませんでした。

そのためには渡航費やホテル代はもちろん、現地でガイドしてくれる人に払うガイド費も必要ですし、現地での滞在費も必要になってきます。一度の渡航で消えていくお金の額は、日本で営業するときとは桁違いでした。しかもその時点では海外での売上も見込めませんから、ただ資金が出ていくだけ。日本国内で上げた収益を、海外渡航のために使わざるを得ませんでした。

ただ、やらなければ「海外にほめ育のビジョンを広げる」というロマンは実現しませんから、やるしかありません。そこで志がブレることは、一度もありませんでした。

自分のミッションがわからないと、選択したことが合っているかどうか不安になってブレてしまいます。「何でも持っているあの人がうらやましい」と隣の芝生が青く見えてしまうのも、ミッションがわかっていないからです。

そして、**お金がないとチャレンジを続けることができません。**ミッションがどんなにやりたいことだったとしても、お金がないとだんだん掠《かす》れてきてしまうのです。

たとえば、あなたが「脚本家になりたい」と思っていたとします。脚本を学ぶためにスクールに通うとなれば、学費が必要です。脚本が仕事になるまでは、他の仕事で生計を立てていかなければなりません。

ハンドメイドでアクセサリーをつくって通販で売りたいと思ったら、素敵なアクセサリーをつくれるように、センスや技術を磨くための時間やお金が必要です。実際にお店を開いたら、材料を仕入れ、広告を出すなどの費用がかかります。

夢を叶えるためには、やっぱりお金は必要なのです。

「ロマンを実現させるためにはお金が必要」という部分を見ないようにしてロマン

ばかり追い求めても、ロマンを実現させることは不可能です。

ロマンを実現させるためには、しっかり稼ぐこと。稼いでその中からロマンに回せるお金を捻出すること。常にソロバンを意識することが、とても大事なのです。

「チャージ」は、人生の土台となる大切な部分

神メモの特長の1つが、「すべてのバランスをとりながら人生を底上げし、仕事もプライベートも、精神的な豊かさも物質的な豊かさも手に入れられる」という点です。

そして、**すべてを手に入れ、うまく回していくために極めて重要なものが「チャージ」**の部分です。

「ロマン」「ソロバン」「チャージ」の関係性を考えるには、**1本の大樹**を想像すると良いでしょう。根っこの部分がチャージで、幹がソロバンです。そして枝葉や花、

果実がロマンにあたります。

根っこがしっかり張っていなければ、土から栄養や水分を吸収することができません。幹は細いまま、枝葉も茂りません。大輪の花も咲かず、果実も実りません。すべて関連し合っているのです。

根っこにあたるのがチャージです。「目標を達成するために学習したいと思っていること」「自分がやりたいこと、自分や家族へのご褒美」の部分が弱いと、仕事やプライベートがうまく回りません。ロマンを実現することも難しくなってしまいます。特に仕事がうまくいき始めたときほど注意が必要で、家族との関係が悪化しないように最善の注意を払わなければなりません。

このことを警告した本として、起業家やコンサルタント、マーケターなどの間で有名なのが、経営コンサルタントの神田昌典さんが書かれたベストセラー『成功者の告白』です。

『成功者の告白』は、青島タクという主人公が成功していくさまを小説風に描いたもの。ベースとなっているのが、神田昌典さんご自身の経験です。
この本の中で、神田昌典さんはこうつづっています。

成功者からの相談を受けているうちに、私はあるパターンの存在に気づいた。ビジネスの成長段階に応じて、どの会社でも同じような問題が勃発《ぼっぱつ》するのだ。とくにやっかいだったのは、成長が加速化すると家庭問題が頻発する点だった。

（『成功者の告白』神田昌典著　講談社＋α文庫　9ページより引用）

神田昌典さんは2児の父。ご自身が成功する中、お子さんが命に関わる病気にかかるという経験をしています。夫婦関係が悪化し、離婚届がポストに入れられていたこともあったそう。社員が立て続けにメニエール病で倒れるという苦難にも見舞われました。
『成功者の告白』では、その原因についてこのように記されています。

人間が集まると感情の場をつくる。それは家庭でも職場でも同じ。ポジティブになるグループがあると、その動きとバランスを取るようにネガティブなグループができる。まるでエレベーターが上がるとき、錘《おもり》が下がってバランスを取るようなものだ。

（『成功者の告白』神田昌典著　講談社＋α文庫　151ページより引用）

神メモを書き始めると、仕事で成功をおさめる方が非常に多いのですが、『成功者の告白』で神田さんが警笛を鳴らしているように、仕事がうまくいくほど家庭問題が起こりやすくなっていきます。

物事にはすべて陰と陽があり、誰しも1人では生きていけませんし、頑張り続けることはできません。仕事がうまくいっているということは、限られた時間の多くを仕事に割いているということ。働く時間が長くなり、新しい人との出会いが増えるということは、家族との時間が減るということ。

一緒に過ごせる時間が減ることで、家族が寂しい思いをしますし、一番見てほしい人から見られない時間が続くと、心が寂しくなる。虚無感《きょむかん》にさいなまれることもあります。マイナスの感情に包まれる時間が続くと、体調に異変が起きてしまったり、病気になってもすぐ対応できなくなったりしてしまうのです。

仕事とプライベート、未来と現在、仕事の充実と健康、相手への気遣いと自分へのご褒美……。成果が出始めると、バランスが崩れがち。だからこそメモを書き、毎日すべての項目を見ましょう。日々目にすることで、ちょっとした変化に気づくことができ、バランスをとることにつながるのです。

まとめ

仕事とプライベート、充実と健康、相手と自分、成果が出てくるとついバランスが崩れがち。メモを書き、毎日見直すことで、ちょっとした変化に気づき、バランスをとろう。

14

長期スパンで物事を考える

2年後、3年後も「タスク」にする

神メモの基本型について解説しました。神メモの左右の柱はタスクを書き出すところですが、私はあえて2年後、3年後についても「タスク」という言い方をしています。

一般的には、2年後や3年後の予定のことを「タスク」とは表現しないでしょう。1カ月先のことでも、あまり「タスク」とは言わないかもしれません。

タスクというと一般的には、目の前にあってすぐに片づけなければならない作業のこと。しかし**私はあえて時期を限定せず、すべて「タスク」と表現しています。2年後のことも3年後のことも「タスク」にしないから、夢が叶わない**のです。

神メモは、6つのタスク欄と「神センター」（「ロマン」「ソロバン」「チャージ」）の3つの欄の計9つのブロックに分かれていますが、この9つの欄をバランス良く埋められる人はほぼいません。

明日や明後日、なんとか1週間先のことならはっきり書けるけれど、半年後から先のことは全く書けない人がなんと多いことか。「1年後なんてまだ先だし」とか、「3年後のことなんて絶対わからないよ」と思ってしまうのです。

2年後、3年後は、ずっと先のように見えますが、意外にあっという間。長いスパンで物事を見ていないと、準備が追い付かず、慌てる場面も出てきます。

農家の方は、基本的に数年スパンで物事を考える習慣がついています。なぜなら「桃栗3年、柿8年」という言葉があるように、収穫までに何年もかかるような植物も多いから。

やみくもに育てては、美味しい作物に育ちません。大きくなり、花を咲かせ、実をつけて、収穫する。そのイメージを常に持ちながら、作業を進めていく必要があるのです。

もしも、2年後や3年後のタスクを神メモに書くのが難しければ、「2年後はどうなっているかな？　3年後はどうなっていたいかな？」と、自問自答するだけでもかまいません。

本当は何をしたいのか？　何を実現したいのか？　これらは実は、誰しも心の奥底にちゃんと持っています。自問自答することは、自分のペースで思い出すことにつながりますから、じわじわと出てくるのです。

常にゴールをイメージする

農家では、実がなり収穫を終えたら、今度は次の収穫に向けて準備を始めます。

ときには、数年後に使うための種を収穫し、保存することもあるのだとか。

作物によっては、同じ畑を使い続けると「連作障害」を起こし、収穫量が落ちたり病気にかかりやすくなったりします。そこで、「今年はカボチャを植えて、来年はジャガイモ、4年目はオクラ」というように、数年単位で栽培計画を立てています。

私の知り合いに、イチゴ農家の方がいます。作物は生き物ですから、何が起こるかわかりません。病気だけではなく、自然災害で大きな被害を受けることもあります。でも、「もし実がならなかったらどうしよう」という不安を抱くことは一切ないそうです。

なぜなら、これまでに自分たちで培ってきたノウハウがあるから。先達《せんだつ》のイチゴ農家の方々が試行錯誤し、得てきた知識や技術を受け継いでいるから。「こうすれば必ず成果が出る」という方法を知っているのです。そして何より大きいのは「絶対に美味しいイチゴをつくる！」という高い志があるからでしょう。

私たちも、3年後であろうが5年後であろうが、目標を達成し、ミッションを実現していく姿をイメージすること、先のゴールに向かってタスクを積み上げていくという意識を持つことが大切なのです。

ダイエットをしたことのある人は経験があるかと思いますが、ダイエットを始めたばかりのうちは、スルスルと体重が減っていきます。結果が出るので楽しくて、達成感も得られます。

しかしあるときを境に、ぱったりと体重が減らなくなる時期がやってきます。同じようにダイエットを続けているのに、結果が出なくなる。そして多くの人が、ここで挫折してしまうのです。

しかし、この時期を乗り越えることができればまた体重は減っていき、リバウンドしにくい体になっていきます。

「途中で停滞する時期がやってくる」ということがあらかじめわかっていれば、体重が減らなくなっても「停滞期が来たのだな」とどっしりと構えることができますし、挫折してしまうこともありません。むしろ、「ダイエットが順調な証拠だ」と捉えることもできるようになります。

目の前のことに焦点を当てるのではなく、目線は常にゴールを向くようにしてください。それなら一時的に結果が出ず、停滞しても、諦めずに進んでいけるはずです。

まとめ

神メモの両側は、タスクを書こう。「3年後のことなんてわからない」と思うかもしれないが、ゴールを明確にイメージすることができれば、自ずとゴールに行くために必要なことが見えてくる。

15

神メモは、1日1枚、寝る前に書く

夜に書くことで、寝る前にタスクをクリーンアップできる

神メモを書く時間帯は、基本的に自由です。朝書いたほうがスッキリする人もいるでしょうし、夜ゆっくり書きたいという人もいるでしょう。一番落ち着いて時間がとれるのは、昼下がりだという人もいるかもしれません。

「絶対にこの時間！」と決まったルールがあるわけではありませんから、いつ書いてもかまいません。

でも私の経験上、理想的な時間帯は「夜」。それも、**寝る前の15分がおすすめ**です。

なぜなら**眠る前に神メモを書くことで、その日に起きたことを再確認し、情報の取捨選択ができる**からです。

私たちは1日の中で、たくさんの人に会ったり、電話で話をしたりしています。自然に触れたり神社に行ったり、読書や映画鑑賞などからも多くの情報を入手しています。

その情報量はとても膨大。**「ミッション実現のために、どんな情報が欲しいのか？」というフィルターをつくっておかないと、質の高い仮説が残りません。タスクにまみれてしまうと、新しい情報も入ってきません。**

そこで、寝る前に「必要な情報」「不要な情報」と情報を振り分け、明日からの行動に必要な情報のみにしておく必要があるのです。

私は日中も神メモを持ち歩き、得た情報や思いついたアイデアなどがあれば、どんどん書き込むようにしています。そして夜、寝る前に1日を振り返りながら情報を整理し、好きな音楽をＢＧＭにしながら、新しいメモに書き写すのを日課にしています。

夜に神メモを書くことには、もう1つメリットがあります。それは、記憶が鮮明なうちにメモを整理できることです。

日中は忙しくて、なかなか落ち着いてメモを書く時間がありません。単語の走り書きになってしまうこともあります。

神メモは「紙1枚」と決まっているので、単語のみを書き記すことは正解ではあるのですが、後から見返したときに何のことだったかわからなくなってしまっては意味がありません。

当日の夜なら記憶がまだ鮮明ですから、走り書きを見れば内容を思い出すことが可能です。

「そうか、本屋に立ち寄ったときに、英語の本を買おうと思ったのだな」「そうだった！　お母さんに教えてあげたい情報があった。明日教えてあげよう」「そういえば、○○さんにこの仕事を頼もう」など、詳細に思い出すことができます。

メモを書く時間は、わずか15分でいい

A4用紙1枚サイズの神メモ。1枚なのですぐに書けそうに思えますが、いざ取りかかってみると、最初は意外に時間がかかってしまうものです。

実際に神メモを始めた人に話を聞いてみると、多くの人が「思っていた以上に時間がかかった」と言います。中には神メモを書き上げるのに、1時間以上かかってしまった人もいたようです。

他には、ロマンの部分だけたくさん書ける人もいれば、ロマンは空白が多いのにチャージにはびっしり文字が並ぶ人もいます。1カ月以内のタスクはスラスラ書けるのに、2年後や3年後になると途端に思考停止してしまう人もいます。

「神メモって簡単だと思っていたのに、意外に手間がかかるのか」と気が重くなってしまうかもしれませんが、安心してください。毎日新しいメモに書き写していく

うちに、勝手がつかめて書くペースがどんどん速くなっていきます。
最初は30分、1時間と時間がかかるかもしれませんが、慣れてくれば15分くらいで神メモを書けるようになりますから、とにかくまずは、書いてみてください。

まとめ

神メモを書く時間帯は、その日の出来事を整理しやすい夜、それも寝る前がおすすめ。はじめはコツがつかめずに、メモを書き終えるのに1時間以上かかるかもしれないけれど、慣れてくれば15分くらいで書けるようになる。

16

なぜ、寝る前が最適なのか

寝ている間にメモの内容を熟成させられる

私たちが一生のうち、もっとも時間をかけていることは何でしょうか？　それは「睡眠」です。1日に8時間眠っているなら、1日のうちの3分の1、ひいては人生の3分の1を睡眠に使っているということになります。

この膨大な時間を活用しないなんて、すごくもったいないと思いませんか？　私はなんとか睡眠時間を活用できないかと考えました。そして思いついたのが、**「潜在意識にタスクを振ることで、睡眠時間を活用する」**という方法です。

人の脳は、睡眠中に情報を整理すると言われています。数日前に悩んでいたことの解決方法をふいに思いついたり、アイデアがひらめいたりすることがありますよね。**脳に投げかけたことは、潜在意識で「熟成」され続けている**のです。

私が「メモは忘れるためにとる」「メモに書いたことは忘れていい」と言っているのは、忘れてしまっても潜在意識下で熟成され続けるからです。

眠っている間にも潜在意識がタスクについて考えてくれるということは、24時間、365日考え続けられるということ。これが大事なのです。

たとえば、運転している車が信号で止まるとき、エンジンを切ってしまったらもう一度走り出すときにエンジンをかけなければなりません。

エンジンをかけ直すと発進時によけいなエネルギーが必要ですし、走り出すまでにタイムラグができてしまいます。

しかしエンジンを切らずにアイドリングしておけば、エネルギーを無駄に使いません。ただアクセルを踏むだけで、車はスムーズに発進します。

考えることや行動することは、車を運転することに似ています。一度立ち止まってしまったら、もう一度考え始めたり動き出したりするために、たくさんのエネルギーが必要になります。

ところが、**365日休みなく考えていれば、改めて発進するために大きなエネルギーを使う必要がありません。**

英語をマスターしたいと思ったら、毎日勉強をしなければなかなか上達しません。

土日だけ8時間勉強する人と毎日30分勉強する人とでは、毎日継続したほうが、たとえ1日の勉強時間は少なくても忘れにくい上、思い出す労力も軽くて済みます。

行動力を高めるためには、歩くことを完全に止めてしまわないことが大切なのです。

相手にボールを渡すことで安眠できる

行動の絶対量を増やし、スピードアップするためには、1人でタスクを抱え込むのではなく、より分けて人に頼むこともとても大切です。

とはいえ、**「人に頼む」ことが苦手な人は本当に多い**もの。

頼みたいけど頼めず、つい自分の手元でタスクを温めてしまい、結果的にどうしようもなくなってからようやく人にお願いするというパターンを、これまで私もたくさん見てきました。

「見積書を出す」「スケジュールを確認する」「セミナーの資料をつくる」――。膨大なタスクが自分のところで止まったままでは、落ち着きません。

寝ようと思ってベッドに入っても、「明日見積書を出して、電話して……」と無意識に段取りを考え、「セミナーの資料、あそこを差し替えよう」と頭の中で編集が始まってしまう。

考えれば考えるほど、他にも気になり始めます。「資料のための情報収集をAさんにお願いしたいけど、なんて頼めばいいかな」「締め切りが近くなってお願いするのは申し訳ないな」などと迷ってしまう。

メールの返事を明日送ろうと思いつつも、相手を待たせてしまっている気がして落ち着かない。

こんなふうにとりとめもなく考えてしまい、なかなか寝つけなくて翌日体が重い。あなたもこんな経験をしたことがあるはずです。

タスクのやりとりは、キャッチボールと似ています。言うまでもなくキャッチボールは共同作業であり、お互いに思いやる気持ちが欠かせません。

スケジュールを聞かれたら、「〇日と〇日が空いています」と、すぐに相手にメールしておく。セミナー資料の差し替えが必要になったら、その場で担当者に指示を出しておく。

自分がやるべきことを終えておけば、相手を待たせてしまうことはありません。

あなた自身もリラックスして眠り、翌日スッキリと目覚めることができます。

ボールを自分の手元に置いたままにせず、その日中にボールを投げて手放しておきましょう。

実はキャッチボールは、潜在意識ともできるのです。

メモを書くことで頭からタスクを追い出し、「私が寝ている間に考えておいてね」と潜在意識にボールを投げておくのです。

そうすれば潜在意識は、眠っている間もしっかり働いてくれます。

まとめ

タスクはキャッチボールのようなもの。1日の終わりにタスクを整理したら、相手にボールを投げてから眠ろう。そうすることでリラックスして1日を終えることができるし、相手を待たせなくて済む。

17 メモを書くときのポイント

メモは1枚以上に増やさない

神メモは、1枚が鉄則です。さらに言えば、片面1枚に収めるのが基本です。ただし書きたいことが多く、片面1枚に収まらない日もあるでしょう。それならば、とりあえずは裏面にまでメモを広げてもかまいません。

神メモを新しく書き写すときに整理整頓すれば大丈夫。片面1枚に収まります。

神メモを書き始めたときは、書きたいことが多すぎて、2枚3枚とメモを増やしたくなるかもしれません。

しかし、**１枚で収まらないときに多いのが「自分のキャパシティを超えている」もしくは「書かなくてもいいことまで書いている」**というパターンです。

私は、人生でやるべきことはＡ４の紙１枚に収まると考えています。メモが１枚では足りないなら、キャパオーバーしていないか、本当に必要なことに絞れているか、確認するチャンスでもあるのです。

カラフルにしたり、イラストを描いたり、自由に楽しく書こう

神メモのいいところは、思考が整理できること、そして行動量が増えること。さらにいいのが、行動するときに大きなエネルギーを必要としなくなるところです。最初は少し時間がかかっても、続けるうちに必ず慣れます。そして、毎日歯磨きをするような手軽さで、行動できるようになります。

神メモを書くことをプレッシャーに感じたり、苦痛に感じたりしてほしくはあり

ません。せっかく手軽に目標に向かって進めるツールなのに、その良さが台無しになってしまうからです。

「本当にできるかな?」という不安を吹き飛ばし、楽しんで続けるためにも、書き方や用紙選びも大事なポイント。自分なりの工夫をしながら書き、**テンションが上がってワクワクする用紙を選ぶのがおすすめ**です。

神メモ経験者に聞くと、皆さんいろいろ工夫しています。カラフルな紙を使ったり、メモを入れるファイルをお気に入りのものにしたり。余白にイラストを描いたりシールを貼ったりと、自由に思い切り楽しく書いている方もいました。キーワードをイラストで描くのも楽しそうですね。

ペンも書き心地の良いものを選びましょう。ちなみに私も、神メモを書くときには、軽くて持ちやすく、書き味がなめらかなペンを使っています。

色とりどりのペンを用意しておき、毎日気分によって変えるのもいいですね。たとえば、ミッションはゴールド、ソロバンはグリーン、チャージはピンクなど、エリアごとに色分けしてみるのもいいでしょう。
ぜひ楽しみながら、あなただけの神メモをつくってみてください。

メモを書くときは、必ず隣にスケジュール帳を開いておく

タスクを片づけるためには、締め切りを設定することが大事。神メモを書くときも同じです。そこで私は神メモを書き写すときは、常にスケジュール帳を隣に置き、**タスクの締め切り**がいつかを確認しています。

なぜなら人は、締め切りが決まっていないものはつい後回しにしてしまうから。取り組まなければ当然終わりませんし、いい結果も悪い結果も出ないまま。そして、「私は自分で決めたことも守れないのか」という自己嫌悪の感情が生まれ、精神的なダメージが蓄積します。自分で自分のことを信じられなくなっていってしまうのです。

仮にあなたが「新しい料理のレシピに挑戦する」というタスクをメモに書いていたとします。締め切りを設定していないと、つい忙しさに取りまぎれて、「今日は時間がないから」「明日ならできそうだから、今日はやめておこう」と先延ばしにしがち。

すると「もう何日もこのタスクを書き写している」「一向にタスクが片づかない」ということに気づきます。そして、「私、本当は覚える気がないのかな?」とか、「行動力が足りないのかな?」と、自分を責め始めてしまうのです。

しかし私から言わせれば、**タスクを実行できていないのは、単に締め切りを決めていないから。やる気や行動力の問題ではなく、スケジュール管理の問題にすぎません。**

私が昔、飲食店で働いていたときのこと。その店には、「皿は深夜2時半までに洗い終える」というルールがありました。どんなに皿が大量でも、風邪気味で辛くても、ルールはルール。2時半という決まった時間までに、すべての皿を洗い終えなければなりません。

私は何があっても、洗い物を終えていました。というのも私が洗い終えなければ、他のスタッフにも迷惑がかかるから。このように**締め切りが決まっているものについては、人はなんとかして締め切りまでに終えようとするもの**なのです。

神メモにタスクを書くときは、具体的な締め切りを決めましょう。これだけでも、タスクの達成率が大きく変わります。

悩んだときは、とりあえず書いてみる

神メモを書き始めたものの、何を書いていいかわからず、手が止まることもあるでしょう。チャージばかりが埋まり、一方でソロバンがぽっかり空白。ソロバンとロマンは埋まったのに、チャージの部分は真っ白で何を書けばいいかわからない。そんなこともあるかもしれません。

また、3つのうちのどのエリアに書けばいいのかわからず、迷うこともあるかもしれません。

しかし、最初のうちはあまり気にする必要はありません。**毎日書くことで、自然に慣れていくもの。最初は思い浮かばなくても、途中からどんどん溢れるように出てくる**こともしばしばです。

メモの大原則を思い出してみてください。「メモは思考量より行動量」でしたね。わからないところが出てきてもあまり難しく考えすぎず、まずは行動すること！思いつくままに書いてみましょう。

まとめ

神メモは1枚が鉄則。タスクの締め切りを意識しながら、テンションが上がってワクワクするペンや用紙を使って、まずは、あまり難しく考えすぎず、思いつくままに書いてみよう。

18
メモはキーワードで書く

キーワードを書くことで、記憶に定着させる

神メモは1枚なので、1つのことをじっくり詳しく書くだけのスペースはありません。そこで私は、神メモにはキーワードとなる言葉だけを書いています。これは前にもお伝えしましたね。

神メモは毎日新しいものに書き換えますから、キーワードだけのほうが作業も楽。**細かいタスクは、スマートフォンやパソコンなど、別のところで管理**すれば問題ありません。

キーワードだけを神メモに書く方法のいいところは、A4の1枚の紙なのに、膨大な情報を書き込むことができること。そして、毎日キーワードを書くことによって、記憶に定着させることができる点です。

たとえば、私は本書に関することは「神メモ」というキーワードでメモに書いています。本が完成するまでには何カ月もかかりますから、必然的に私は「神メモ」というキーワードを百回以上は目にし、自分の手で言葉を書き写すことになります。「神メモ」という単語を見るたびに、担当してくれている編集者さんの顔が浮かび、打ち合わせで話した内容も思い出します。

打ち合わせをした日付もメモに残しておけば、「この日の打ち合わせでは章立てが完成して、事例を5つ用意しようという話になったな」「イラストを入れようというアイデアが浮かんだな」と思い出しやすくなるのです。

重要なキーワードを、顕在意識から潜在意識に移行させてしまえば、しめたもの。顕在意識ではすっかり忘れても、潜在意識が四六時中そのことを考えてくれます。

毎日キーワードを書くことによって、潜在意識にすり込むことができるのです。
私は常に、膨大なタスクを抱えています。

「キーワードを書く」という作業を行わなければ、「神メモ」の本に関してのタスクが他のタスクに埋もれ、顕在意識から薄れていきます。そして連動するように、潜在意識もいい仕事をしてくれなくなるのです。

すると、打ち合わせのたびに「前回の打ち合わせでは何を話したかな」と資料を見返さなくてはいけません。

復習に時間をとられると、アイデアを練る時間が削られて、打ち合わせは非効率になります。すると、もっと早く良い結果が出たはずなのに、もったいないことになるのです。

同じ話の繰り返しになり、有意義な話ができなければ、編集者さんから「この人は本当にやる気があるのだろうか？」と不信感を抱かれてしまうかもしれませんね。

神メモにキーワードを書いておくだけで、こうした「漏れ」を防ぐことができるのです。

キーワードには、膨大な情報が詰まっている

1章の40ページで、「メモはドラゴンボールのホイポイカプセルのようなもの」というお話をしました。

ホイポイカプセルの大きさは消しゴムくらい。その小さなカプセルの中に、バイクや車、何人も暮らせる大きな家が収納されているのですから、夢のようなアイテムだと思いませんか？

でも**「キーワード」は、ホイポイカプセルと同じ役割を果たすのです。なぜならキーワードの中には膨大な情報が詰め込まれていて、伸縮自在に操ることができる**からです。

たとえば神メモに、「100人にDM」というキーワードを書いたとしましょう。

「100人にDM」と書けばおのずと、「リストを集める」「DMのデザインを決める」「発送作業をする」といった、複数のタスクが内包されるのです。

細分化されたタスクに関しては、細かい管理が不可欠ですが、神メモでは「誰がいつまでにどの作業をするのか?」「スムーズに進んでいるのか?」といったことまで管理するのは困難。でも大丈夫、他のツールを併用すればよいのです。

スマートフォンのメモ機能を使ったり、Chatworkなどで情報を共有したりして、別の場所で管理するとスムーズです。

まとめ

神メモにキーワードを毎日書き写すことで、そのことについて考えることになり、新しいアイデアを思いつくようになる。詳しいことはスマートフォンやパソコンのファイルやフォルダに入れて管理しよう。

19
「あいまい言葉」で書かれた目標は叶わない

「お金」「利益」をしっかり定義しよう

「ロマン」に書いた目標を達成するためには、経費がかかります。すなわち、夢を叶えるためにはお金が必要なのです。お金は、目をそらしてはいけない存在です。あなたにとってお金とは何でしょうか？　利益とは何でしょうか？　自分の中でしっかり定義してください。

定義を考えるときにポイントとなるのが、「ワクワクする」という視点です。

「お金の定義をしてください」とお伝えすると、「生活のために必要なもの」と言う人がいます。「住宅ローンを払い続けなければならないし、老後のために今から頑張って貯金しなければならない。生きるためにはお金がかかるんです」と言うのです。

たしかに事実ですが、「生活のために」という視点が強すぎると、お金のことを考えたときに暗い気持ちになり、ワクワクしません。

私がミッションを書く欄のことを「ロマン」と名づけたのは、幸せを感じてほしいから。ロマンに書くミッションや使命、自分クレドは、1人ひとりの幸せと結びつくものだからです。

「利益」について私は、**「幸せになるための経費」**と定義しています。幸せの形は人それぞれ。高級ブランドのバッグを買うことでワクワクするのなら、それでいい。社会貢献のために寄付をすることでワクワクするのなら、それでいいのです。

私は、日本人は稼ぐことから目をそらしすぎだと常々思っています。お金に対するイメージがネガティブな人が多いのです。稼ぐことは、良くないことなのでしょ

心に折り合いをつけて うまいことやる習慣

著者：中村恒子（聞き書き 奥田弘美）

「しんどいな」と感じたとき、本書を開いてみて
生涯現役を貫くおばあちゃんドクターの
慈愛に満ちた言葉が、心を元気にしてくれ

定価 1430円（税込）／ ISBN 978-4-7991-0

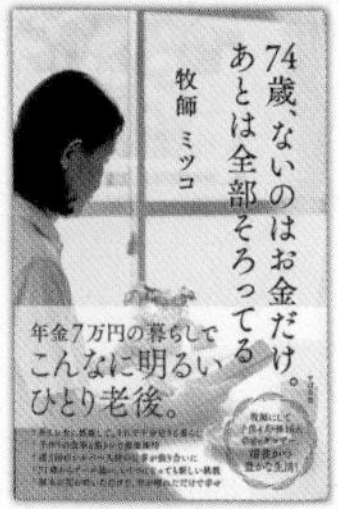

74歳、ないのはお金 あとは全部そろってる

著者：牧師 ミツコ

牧師にして子供4人・孫16人のビッグマザー。
年金7万円の暮らしで、こんなに明るいひとり老後の秘密とは？

定価 1430円（税込）／ ISBN 978-4-7991-0932-8

何歳からでも 丸まった背中が 2ヵ月で伸びる！

著者：安保 雅博 ／ 中山泰秀

ズボラ筋トレで背中の筋肉がよみがえる。
リハビリテーション医療の第一線で活躍する2人の著者による、「慈恵医大リハ式メソッド」大公開！

定価 1320円（税込）／ ISBN 978-4-7991-0838-3

家でも外でも 転ばない体を 2ヵ月でつくる！

著者：安保 雅博 ／ 中山泰秀

増え続ける高齢者の転倒事故。「慈恵医大リハ式 簡単トレーニング」で「バランス」「筋力」を強化して、転ばない体をつくりましょう。

定価 1320円（税込）／ ISBN 978-4-7991-0946-5

幅広い世代 たくさん 寄せら

話すことにおいて、もっとも大切なことを忘れ
人との**コミュニケーションのとり方のポイン**
いたので、さっそく明日から使いたいと思い

小学生の娘がこの本を読み、話の聞き方や
親子の関係が前より良好になった気がし

（40代・会社員）

生きていく上で、人との会話は欠かせないものです。
まずは**話しやすい雰囲気づくり**を心がけ、**聞く姿勢**を持って
会話をしていこうと思った１冊です。
（50代・教師）

この本に出会え、自分の**"話し方"**というものを改めて考えることが
できました。こんなご時世だからこそ、コミュニケーションはとても大切。
オンラインでも役立てられ、楽に生きていくための指南書となりそうです。

話し方はとても難しい。目から鱗とよくいいますが、長い間のかすみが
引いて**視界が広がりました**。何度も読み返し、実践したいと思います。
（70代・自営業）

永松 茂久（ながまつ・しげひさ）

株式会社人財育成 JAPAN 代表取締役。永松塾主宰。知覧「ホタル館富屋食堂」特任館長。大分県中津市生まれ。「一流の人材を集めるのではなく、今いる人間を一流にする」というコンセプトのユニークな人材育成法には定評があり、全国で数多くの講演、セミナーを実施。「人のあり方」を伝えるニューリーダーとして、多くの若者から圧倒的な支持を得ており、講演の累積動員数は延べ 45 万人にのぼる。経営、講演だけではなく、執筆、人材育成、出版スタジオ主宰、イベント主催、映像編集、経営コンサルティング、ブランディングプロデュース、自身のセオリーを伝える『永松塾』の主宰など、数々の事業を展開する実業家。

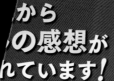

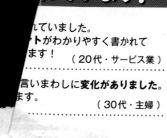

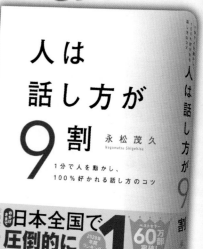

うか？

お金がたくさんあるということは、自分以外にお金を回すことができるということ。稼ぐことは、自分だけでなく、周りも幸せにする素晴らしい行為なのです。お金があれば、家族を心身ともに健康にして、幸せにすることが叶いやすくなります。困っている人に寄付するお金だって増やせるのです。

稼ぐことから逃げず、しっかり稼ぎましょう。そのためにも、自分の中で「お金」や「利益」をどう定義するのか？　決めることはとても大切です。

メモを書くことで目標が磨き込まれる

お金や利益の定義と同じくらい重要なのが、目標を明確にすることです。たとえば「豊かになりたい」という目標を掲げたとしたら、「豊か」とは何を指すのか定義しましょう。

「お金がたくさんあること」が豊かだとすれば、一体いくらあればいいでしょうか。１００万円でしょうか、１億円でしょうか？　一度入ってくれば豊かになるでしょうか、それとも安定して得続けることではじめて、豊かになれるのでしょうか？「１００万円が一度入ってくればいい」という人と、「毎月１００万円を得られるようになりたい」という人とでは、とるべき行動が全く変わってきます。目標を明確にすることで、行動もおのずと決まってくるのです。

目標を定義することは、脳にもいい影響を及ぼします。**目標を定義するということは、目標を言語化するということ。具体的な言葉にすることで、向かうべき方向が定まり、脳が目標を実現させる方向に動き出します。**その結果、目標達成には不要な情報は遮断され、役立つ情報だけがたくさん入ってくるようになるのです。

『成功の９ステップ』（幻冬舎）というベストセラーを執筆し、ビジネスコンサルタントとしてセミナーも開催しているジェームス・スキナー氏も、目標の定義を明らかにすることを重視しています。明確な定義をすることで言葉にパワーが宿り、現実が動き出すからです。

目標の定義を明確にして毎日メモに書き出すことは、研磨作業と似ています。最初は明確に定義できなかった目標でも、毎日書くうちに磨かれ、いらない情報がそぎ落とされ、洗練されていくからです。

先ほどの「お金持ちになりたい」という目標も、最初は「100万円が欲しい」という、漠然とした定義かもしれません。

しかし次の日には「月に100万円」、さらに「月に100万円を20年間」と磨かれていくかもしれません。

こうして書き続けていけば、「100万円を安定して稼ぐためには、何をすればいいのだろう?」という疑問が湧く日がやってきます。毎日書き続けていくことで、目標が研磨されていくのです。

具体的な行動を探り始めたら、しめたもの。100万円を稼ぐためのアイデアが湧くのはもうすぐです。

あなたが今実現したい目標は何ですか？　試しに、現時点で考えられる範囲でいいので定義してみましょう。そして、まずは1週間、神メモに書き続けてみてください。

書き続けることで目標が磨かれ、言葉にも体にもエネルギーが入っていく感覚が訪れるでしょう。

まとめ

目標は定義を明らかにして、数値など目に見え計れるように書くことが大切。そうすることで、自分が目標を達成するためにどんな行動をすればいいかがわかる。毎日目標を書き続けていれば、よけいなものがそぎ落とされて磨かれていく。

20 神メモを書くことで人生を変化させた人たち

【事例①】神メモを続けて全国1位の成績に

これまで多くの人が、神メモを活用してきました。神メモを使って目標やタスクを明確化した結果、著しい成果が出た例をご紹介します。

まずは、ある飲食チェーンの店長の事例です。このチェーンは創業40年以上、全国に50店舗以上の洋食レストランを展開しています。

店長という立場になれば、強いメンタルが求められます。ところが宮城県内のとある店舗を任されていた店長は、メンタルが強いほうではありませんでした。

そして、飲食店といえば基本的に立ち仕事ですし、厨房やフロアを歩き回る、体力のいる仕事です。しかし彼はあまり体力がなく、体力をつけるための対策も何もしていませんでした。

店長はやるべきことが多く、マルチタスクで仕事することが求められます。

お客様対応やスタッフの管理、月間売上目標を達成するための販売計画の立案、集客のための戦略を練ることも仕事です。店の雰囲気を良くするために、スタッフとのコミュニケーションにも気を配らなければなりません。

まさに店長は店の要なのです。

ところが彼は、要として踏ん張るどころか、すぐに弱音を吐くし、仕事への愚痴も多い。責任者として必須である数字を読む能力にも乏しく、常に彼の店舗は売上がいまいちでした。

私は彼に会い、売上を上げるためには一体何を改善すべきか、徹底的に話し合いました。その中で一緒に決めたタスクが、「タバコを止めて体を鍛えよう」「アルバイトスタッフたちとコミュニケーションをとって活気のあるお店にしよう」といった内容でした。

彼はそれからタバコを止め、運動を始め、アルバイトスタッフたちともよくコミュニケーションをとるようになりました。

神メモを毎日書き、できたこと、できなかったことを明確にし、目標からぶれずに素直にタスクを実行し続けていったのです。

その結果、わずか3カ月で店の売上が急増。なんと全国1位に輝いたのです。これには社長も大喜び、頑張りが認められた彼には今、店長職からマネージャー職への昇級の話も出ています。

彼はなにも血のにじむような努力をしたわけではありません。やったことは、目標を定め、タスクに落とし込み、神メモを毎日書きながらタスクを達成し続けただけ。

でも逆に言うと、神メモには行動を磨き、より結果につなげる効果があるということなのです。

【事例②】やりたいことが明確になった

クリエイティブな仕事をしているある男性は、私が講師を務めるグループコンサルに参加し、神メモを書き始めました。グループコンサルでは数カ月をかけて、神メモの書き方や夢を叶えるための考え方などを講義し、1人ひとりの課題と向き合ってコンサルティングも実施しています。

彼はふと、自分のスキルや能力の棚卸しができるようになったことに気がつきました。それもそのはず、**神メモを書くことは、頭の中にあるものをアウトプットすることと同じ。自分と向き合い、自分の思いやビジョンを言語化し続けることになる**からです。

さらに神メモを書き続けるうちに、「もっと自分の可能性を広げてみたい」という思いが湧いてきたそうです。もともと意欲的だった彼ですが、「今後はクリエイティブ業界の枠を超えて、教育やコーチングなどにも自分の才能を生かしていきたい」と、力強く語ってくれました。

【事例③】仕事と家庭のバランスがとれるようになった

会社経営をしているある方は、神メモに自分の人生を落とし込み、あることに気づきました。それは「仕事に重心を置きすぎて、家族との時間がなおざりになっている」という現状でした。

神メモは、仕事や家庭、自分の夢など、人生を構成するあらゆる要素を1枚の紙に落とし込むことができるツールです。豊かな人生を過ごすためには、このバランスがとれていることがとても大事なのです。

この方のように、神メモを書き始めたことでバランスが崩れていたことに初めて気づく方はとても多いものです彼は神メモを書くことで、夫婦の時間が少ないことに気づきました。そこで妻と会話をする時間を増やし、妻の悩みを聞き出すようにしたのです。

出てくる悩みは、子育ての悩みや近隣住民に関する悩み、両親の介護の悩みなど尽きません。でも悩みを共有すると、**日々の話題の周波数が合い、「あれどうなっている？」とコミュニケーションが増えた**のだとか。

それからしばらくして迎えた結婚記念日。お子さんを預けて夫婦２人でゆっくり過ごしたそうです。「子どものことや将来のことなど、いろいろなことを話し合うことができました」と、落ち着いた笑顔で語ってくれました。

【事例④】チャンスが舞い込み、夢が叶った

ご自身で自分のことを「引きこもりの主婦だった」とおっしゃる女性は、「皆さんが幸せになるためのセラピーを広めていきたい」と、神メモのグループコンサル

に参加してくださいました。

神メモを書く前は、やりたいことはあるものの、どこか漠然としていたそう。ところが神メモを毎日書いていくうちに、やりたいことが具体化してきたといいます。

その1つが、ある著名な方と一緒にオンラインセミナーを開きたいということ。実際にセミナーを受講して面識はあったものの、なにせ相手は有名人。自分は単なるセミナーの聴講生の1人でしかない。

一緒にセミナーをする夢が実現すれば嬉しい、でも叶うとしてもきっと、まだまだ先のこと。そんなふうに思いながらも、毎日神メモに「一緒にセミナーを開きたい」と書き続けました。

ほどなくして、驚くようなことが起こります。その方から突然「一緒にセミナーをしませんか?」とお誘いの言葉があったのです。

実は、**神メモを書き始めた多くの方が、似たような経験をしています。**

「今まで全く変化がなかったのに、神メモを書き始めた途端に物事が動き出しました！」「突然思いも寄らぬところからチャンスが舞い込み、夢が実現しました！」という喜びの声が、私のところにもたくさん寄せられています。

一見、奇跡が起こったように見えるかもしれません。でも実は、奇跡ではありません。**神メモを書くと、夢に向かって何をすればいいかが明確になり、自分のペースで行動し始めます。その行動の1つ1つが、結果を引き寄せることになる**のです。

【事例⑤】3年、4年、5年先を見ながら動けるように

歯科医師として、日々仕事に打ち込んでいるとある女性。神メモを書き続ける中で、自分の人生が仕事一色になっていることに気づきました。

夫婦共働きで、2人とも多忙。自分が家事をするときは、「やってあげている」という感覚。夫が家事をしても、「してくれて当たり前」という気持ちになっていることに気づき、はっとしたのです。そして、いつも自分のことを支えてくれる夫

に対し、**感謝の気持ちが湧いた**と語っていました。

神メモを書き続けるうちに、彼女がもう1つ気づいたことがあります。それは、心身の健康をおろそかにしていたこと。

健康は、豊かな人生を生きる上で大前提となるもの。心と体のケアを心がけ、いつも自分にとって良好なコンディションを保つことは、自分にしかできない大切な仕事の1つです。彼女も以前は、食事内容に気を配り、筋トレや有酸素運動なども行っていました。ところが余裕がなくなり、いつしか二の次、三の次になっていたのです。

家族との関係や、自分の健康のことなど、さまざまな気づきを得た彼女。仕事でも変化がありました。中でも大きな変化が、**すぐにチャンスの波に乗れるようになったこと**。知人とビジネスの話が出たときに「だったら私と提携しましょう!」という提案が瞬時にでき、異業種とのコラボレーションが実現したそうです。

神メモを通じて、自分が本当にやりたいこと、目指したい目標も明確になりました。

彼女は今、「歯だけでなく、食べもの、体そのもののケアなどを通じて、人の一生を通じて健康に導くお手伝いをする」というミッションに向けて、日々行動を積み重ねています。

【事例⑥】自分に向き合う時間が増えることで、目標が具体化

人材育成を担当する、とある会社員の事例です。神メモを書き始めると、抽象的でしかなかった目標がどんどん具体化していきました。

具体的な方法が見えると、今やるべきことが明確になり、時間のロスなく行動に移せます。するとと自然と結果も早く出るようになり、3年後のタスクの欄に書いていたことも、「2年で実現できそうだな」と修正することが増えました

変わったのは、計画実現までのスピードだけではありません。意識も大きく変わったのです。

「育成している社員に、希望に満ちたメッセージを発信できるようになりました」「ただ漠然と仕事をするのではなく、自分なりの目標を持ち、課題を解決するためにはどうすればいいかという視点で教育できるようになりました」と語る彼。

ある日パートさんから「とても幸せです」という感謝の手紙を受け取ったということも、すごく嬉しそうに語ってくれました。

まとめ

神メモを書き続けることで、本当にやりたいことが明確になり、思いも寄らぬところからチャンスが舞い込んだり、コミュニケーションや感謝が増え、仕事も人間関係も人生も好転する。

21 メモを続けるためのコツ

細かいことは気にしない。まずは続けることが大事

神メモを習慣にできれば、1年後の目標も、10年後の目標も、単なる夢から実現可能な未来に変えることができます。

神メモを習慣化するために大切なことは、**細かいことを気にせず、とにかく続けること**。これに尽きます。

始めた当初は、いろいろ迷うものです。タスクに落とし込むといっても、どれだけ細かいところまで落とし込んで書くべきか迷ったり、ミッションを書くにしても、

漠然としすぎているのではと不安になったりすることもあるでしょう。

ソロバンの部分はたくさん書くことがあるのに、ロマンのところには何を書いたらいいかわからない人は大勢います。逆に、ロマンはすぐに埋まるものの、ソロバンが空白になる人もいます。

しかし最初は、それでいいのです。**しばらく書き続けていればコツがつかめてきます。**

「自分はタスクに追われて未来のことを考えきれていないのだな」「やりたいことはたくさんあるけど、タスクに落とし込めていないな」と気づけるだけでも素晴らしいことだと思いませんか?

「やりたいことって何だろう?」「目標に向かって何をするべきだろう?」と自分の脳に問いかけた、そのプロセスが重要なのです。現在地がわかれば、あとは進んでいけばいいだけなのですから。

続けていれば、「そうか、タスクが曖昧だから行動に移せないのか!」と気づいたり、「ミッションはもっと漠然としていてもいいのか！」と思えたりする日がやってきます。

そうすると、しめたもの。神メモを書く時間が、楽しみに変わります。最初のうちは、細かいことは気にせずにどんどん書いていきましょう。

簡単にクリアできるタスクを書く

神メモは毎日、少なくとも2日おきで続けてください。ただし、やり方を間違えたまま続けると、神メモを書くのが嫌になってしまうので、注意が必要です。

特に気をつけてほしいのが、「達成が難しいタスクを設定する」ということ。特に始めた頃はやる気に満ちているので、勢い余って難しめのタスクを書いてしまいがち。

たとえば、まだ英語を勉強し始めたばかりなのに「大学受験の問題集を完璧にする」といった高い目標を立てると、どうなるでしょうか？
難しいタスクはなかなか実現できず、ずっと神メモの一画を占領したまま。そして毎日、鎮座したままのタスクを見て「ああ、まだできてないな」と嫌な気分になってしまうのです。繰り返し嫌な気分を味わうと、神メモを見ること自体が嫌になってしまいかねません。

抽象度の高いタスクも、達成が難しいので注意が必要です。

たとえば、「英語をマスターして海外留学する」という目標を掲げて、3カ月以内に実現したいタスクのところには「3カ月後に英検2級に合格する」と書いたとします。

海外留学に比べると英検2級合格は簡単なのでうまくタスクに落とし込めているようにも思えますが、何をすれば英検2級に合格できるのか、これだけでは抽象的すぎて行動に移せません。

着実にタスクをこなしていくには、簡単にクリアできるレベルにまで日々の行動に落とし込み、日々のタスクとして書くことがポイントです。

英検2級合格に向けてタスクを設定するなら、**「英単語を1日5個暗記する」**とか、**「中学1年生の問題集を買う」**とか、簡単に達成できることから設定していきましょう。

まとめ

はじめはバランスが悪くても気にしない。神メモをうまく書けないことよりも、自分で目標設定できたことを評価しよう。

第3章

メモ1枚で仕事が速くなる

22 なぜ、あなたはいつも忙しいのか？

「忙しい」という口癖が、あなたから多くのものを奪う

いつも「時間がない」「忙しい」を口癖にしている人がいますが、もしあなたもそうだとしたら、要注意です。

厳しい言い方をするようですが、「忙しい」が口癖の人にチャンスはやってきません。なぜなら、「私はスケジュール管理ができないので、これ以上仕事を受けることができません」と言って回っているようなものだからです。

考えてみてください。仕事を依頼する側だったとしたら、「忙しい」ばかりを連

呼している人に、仕事を頼もうと思いますか？　きっと別の人を探すはずです。

　これまでの経験から断言しますが、売れている営業マンや成功している経営者は、「忙しい」という言葉を一切使いません。「忙しい」という言葉を発した瞬間チャンスを失うことがわかっているのです。

　もし「忙しい」が口癖になっているなら、今日で終わり。**「忙しい」ではなく「充実している」と言い換える**ようにしましょう。

　忙しい原因は、スケジュール管理ができていないから。

　まずは目標を設定し、現在地から目標に至るまでのルートを思い描く。そして中間目標点として、「この日までにこれをクリアする」というマイルストーンをこまめに置く。さらに具体的なタスクに落とし込み、あとはただ行動し続けるだけ。

　この状態に持っていくことが、スケジュール管理です。

　スケジュールに追われるのではなくて、先手先手でスケジュールを組むことができるようになれば、どれだけ忙しくても時間を空けられるようになります。

115~116ページで神メモの「神センター」（「ロマン」「ソロバン」「チャージ」）を1本の大きな樹に例えましたが、神メモ全体は畑を耕すことに似ています。農家の人が作物を育てるように、私たちは神メモを使って夢を育てていきます。そして、夢を育てるための現実的な方法がスケジュール管理なのです。

畑に種をまき、立派な実がなるように育てるには、こまめな世話が必要です。頻繁に畑に通って水やりをして、虫を退治し、添え木を立てる。畑が複数あるなら、すべての畑にまんべんなく目を配る必要があります。

ところが忙しくてタスクを終えられない人は、自分の持っている畑をバランス良く見ることができていません。1週間ずっと1つの畑の世話ばかりしていると、他の畑はその間に芽が枯れたり根が腐ったりしてしまいます。

1週間、すべての畑をまんべんなく見ていたら、芽を枯らすことも根を腐らせることもなかったはず。私たちの夢も畑と同じ。忙しくて仕事が回らないとかプライベートの時間がないと嘆いている人は、せっかくの畑を放置して、自分でダメにしてしまっているのです。

夢やミッションも「育てる」もの

いまあなたは、2つの畑を持っているとしましょう。Aの畑に植えた作物は、明日収穫できます。でもBの畑に植えた作物は、来年の春まで収穫できません。どちらの作物も芽が出て、水を欲しています。

もしあなたがこの畑の主だったら、どちらの畑にも目をかけて、世話をすることでしょう。収穫のタイミングが、明日であろうが来年の春であろうが、AとB両方の畑をバランス良く見て育てることで、出荷できるレベルに育てることができるのです。

限られた時間の中ですべての畑の世話をするためには、何が必要でしょうか？
全体を把握して、どこに何を植えたのかを知ること。それから、それぞれの植物に応じた世話のしかたを把握しておくことが大事です。

全体を把握することで、重要なこととそうでないことの優先順位がつけられます。

このように、農作物をイメージするとわかりやすいのですが、夢やミッションになると私たちはなかなかうまく優先順位をつけることができません。今日、明日のタスクはしっかり片づけるのに、3年後に実現したいことのための行動はなかなかとれないのです。

あなたは、自分が植えた種がいったいいつ発芽し、いつ実がなって収穫できるのか、しっかり把握できていますか？　全体が把握できていなければ、タスクに優先順位をつけることができません。

その結果、どうでもいいことに時間を浪費したり、タスクが漏れて大事な仕事を忘れてしまったりするのです。

神メモを書くことは「畑を耕す」ことと一緒

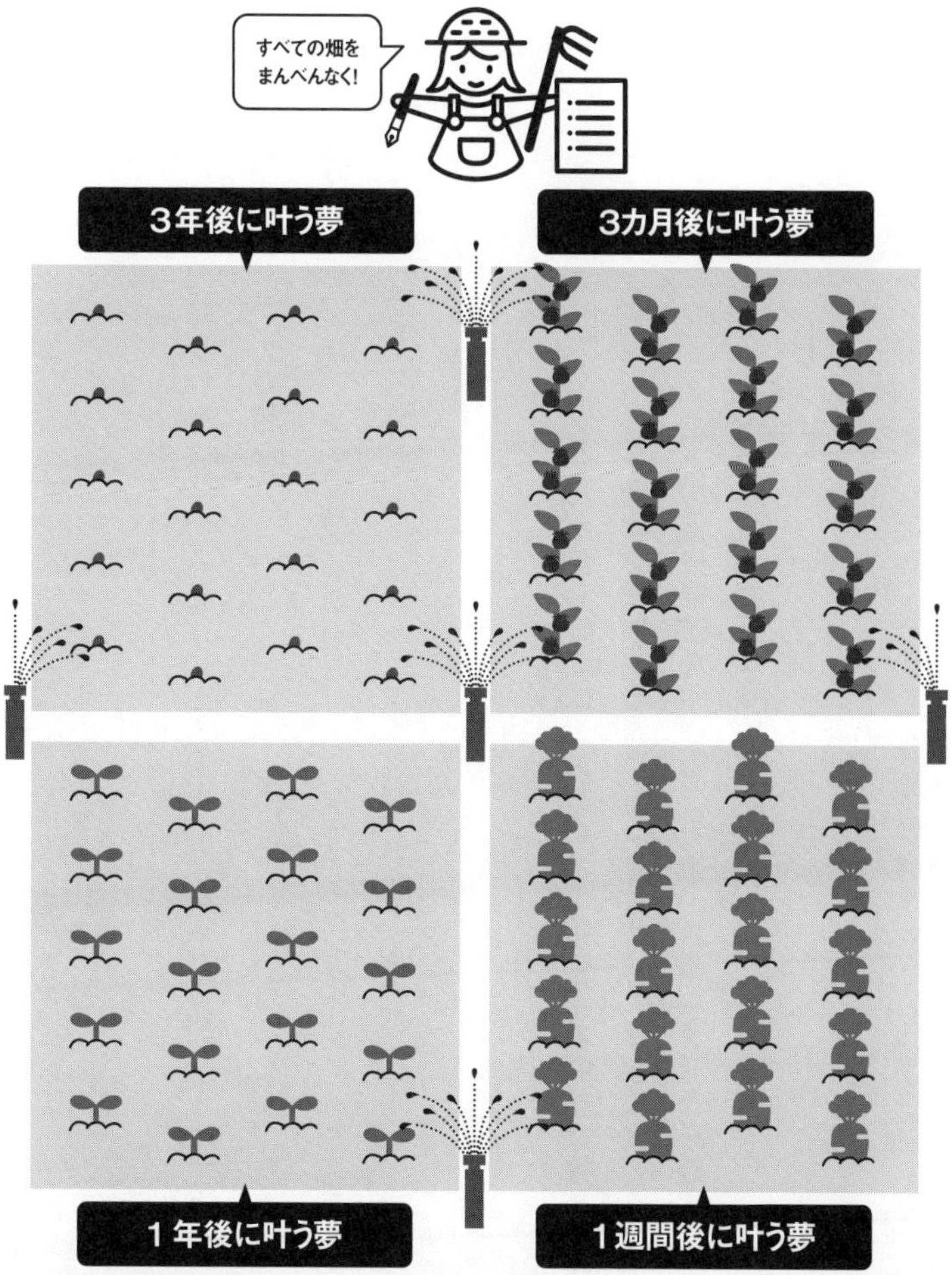

➔ 神メモで夢ややりたいことを育てよう

神メモを使うことで、どんな実がなるのか、それはいつなるのかを1枚の紙の上に書くことができます。

また、その種がいつ発芽するのか、芽が出たときにどうやって育てていけばいいのかというタスクの部分についても、神メモに落とし込むことができます。

全体のスケジュールを管理しながら目の前のタスクを片づけることができるのが、神メモのいいところです。

まとめ

あなたが忙しいのは、スケジュール管理の問題。神メモを俯瞰して全体を把握する習慣をつけよう。大事なこととそうでないことの優先順位をつけることで、大事なタスクを確実にこなし信頼を勝ちとることにつながる。

23 メモ1枚で生産性が上がる

神メモの原型は配達先を記したメモだった

移動時間や1つのタスクが終わった後など、タスクとタスクの間につなぎの時間が生まれることがよくあります。

つなぎの時間は短く、いわゆる〝すき間時間〟。仕事を片づけるには不向きと思うかもしれませんが、意外にそうでもありません。**5分あればメールを1通送れますし、電話をすることもできます。たった5分であっても、できることは意外に多い**のです。

たとえば、キッチンをすべてきれいに掃除するには時間がかかりますが、一部分だけならすぐできます。「シンクを洗う」「ガスコンロのまわりをきれいにする」と内容を絞れば、数分あればできます。

逆に数分しかないと思うと、換気扇の掃除のように、いつもは面倒で先延ばしにしていることも、「ちょっと掃除してみようかな」と思えるものです。

つなぎの時間は1日のうち何度もありますから、こうして活用していけば、かなりタスクを片づけることができます。

つなぎの時間を活用するには、ちょっとしたコツがあります。それは、準備にかかる時間を最大限カットすること。たとえば、資料を探す時間や電話番号を調べる時間、かばんからメモを出して準備する時間など。こうした時間をカットすれば、すき間時間もぐんと長くなるのです。

そのために役立つのが神メモです。神メモには、その日のタスクがすべて書かれていますから、つなぎの時間に神メモを見る習慣さえつけておけば、自動的にタスクを片づけることができるようになります。

つなぎ時間がわずか数分しかなかったとしても、神メモがあれば何の心配もいりません。わずか数秒でタスクが確認できますから、その後の時間はすべて有意義に使えます。

もし神メモを書き忘れていたら、次に何をしようか思い出さなければなりません。思い出すための時間は、数秒では済まないでしょう。もしかすると、つなぎ時間をすべて使ってしまう可能性だってあるのです。

神メモは、細切れのつなぎ時間にだけ役立つわけではありません。**長時間の休みの後も、神メモがあればすぐにするべきタスクを確認することができるので、すぐに仕事モードに切り替えることができます。**

私は22、3歳の頃、ある会社で営業と配達の仕事をしていました。出社したらすぐ会社を出て配達や営業の外回りに行き、仕事が終わった後は遅くまでお酒を飲む毎日。毎朝眠くてフラフラしながら出社していました。

遅刻せずに会社には行くものの、頭は回らない。それでも配達を遅らせるわけにはいかない。そこで私が考えたのが、「帰るときに翌日の配達先をすべてメモして会社のデスクカバーに挟んでおく」という方法でした。そうすれば、出社した瞬間にその日の仕事を把握でき、すぐに仕事に取りかかれるからです。

そして、午前中の頭が回らない時間を配達にあて、配達が終わってお昼ご飯を食べてエネルギーをチャージ。すると午後からはフルパワーで動けますから、爆発的な集中力で営業の仕事をこなし、4時か5時にはその日のすべての仕事を終えて会社に戻ることができました。

時間を効率的に使うことで、同僚よりもはるかに短い労働時間で、ダントツの結果を出すことができたのです。

「何をしよう」と迷う時間が減れば、自由に使える時間が増えます。その結果、生産性が爆発的に上がるのです。

神メモがあるから、安心してモードを切り替えられる

私は非常に充実した（一般的には多忙な）毎日を送っていますが、ずっと仕事ばかりしているわけではありません。プライベートのために長期休暇をとることもあります。先日は、トライアスロンに出場するために1週間ほど休みをとり、大会に集中していました。

無事完走し、いよいよ仕事再開。皆さんも経験があるかと思いますが、長期休暇明けの出勤日は、体も心もまだ休みモード。仕事モードに戻すのがかなり大変です。

でも、**神メモを常に使っている私には、そんな心配は一切無用**でした。トライアスロンが終わって30分間ゆっくり休み、酷使した体のケアを終えれば、気力も十分回復。「さあ、今日からまた仕事モードで頑張るか！」と思ったら、その瞬間に仕事モードに戻れるからです。

胸ポケットに入れている神メモを開けば、今何をするべきかが一目で把握できます。「仕事モードに戻るぞ！」と思った瞬間からトップスピードを出すことができるのです。

逆に、仕事を離れてプライベートに意識を切り替えるときも、すぐに切り替えられます。なぜなら、「仕事モードに戻るときには神メモを見ればいい」という絶大な安心感があるため。悩むことなく、一切のためらいなく、思い切ってプライベートに切り替えることができるのです。

まとめ

メモさえ見ればその日にやるべきことが一瞬で把握できる状態にしておけば、分単位のすき間時間も有効活用できる。タスクを思い出す労力がゼロになれば、エネルギーを目の前のタスクに集中させることができ、ダントツの結果を出せる。

24

メモで「段取り力」も上がる

桃栗3年、柿8年。人生を動かすのは「準備」

121ページでもお伝えしましたが、「桃栗3年、柿8年」という言葉があります。たとえばあなたが桃を収穫したいと思ったら、苗を植えてから3年は待たなければなりません。柿なら、実がなるのに8年以上かかります。一方で豆苗《とうみょう》は、種を植えたら1週間から2週間で食べ頃に成長します。

このように収穫まで何年もかかる植物もあれば、あっという間に収穫できる植物もあるのです。

すぐに収穫して食べたいのなら、豆苗やかいわれ大根、もやしなどの簡単に素早く収穫できる植物が便利です。しかし、だからといって豆苗やもやしばかり食べていると飽きてきますよね。

たまには他の野菜も食べたくなりますし、桃や柿などの果物も食べたいのが人というものです。

もし自分で作物を育てて収穫しなければ食べられないとしたら、いつ実がなるかを逆算して種を植え、大事に育てるでしょう。

あなたが実現したい目標や夢も同じです。柿を食べたければ、逆算して8年前に種を植えなければならないように、5年後、10年後に実現したいことがあるのなら、そこに向かって今しなくてはならないことを積み重ねていかなければならないのです。

目の前のタスクだけを片づける毎日では、大きな目標は達成できません。夢を叶えるための準備をコツコツ続けなければ、夢を叶えることはできないのです。

では、何を準備していけばいいのでしょうか？

準備と言っても、やみくもに思いつくことをすればいいわけではありません。やるべきことをピックアップして、段取りをつけることが大切です。

たとえば「カラオケでこの曲をマスターしたい」と思うなら、自己流で練習するだけでは非効率です。感覚やイメージだけに頼った練習では、いつまでも改善すべきポイントがつかめず、時間ばかりが過ぎていきます。

本当にマスターしたいなら、まずはお手本を探すこと。お手本を聴いて「こんなふうに歌えるようになろう」という目標を設定しましょう。

目標が決まったら、どうすれば到達できるかを考えて、毎日の行動にタスクを落とし込んでいきます。音程が外れているのでしょうか？　声量が足りないのでしょうか？　歌詞を間違えてしまうのでしょうか？　それとも、人前で歌うことに抵抗がありますか？

目標が見えたら、同時にいろいろな課題が見えてくるはずです。神メモに書くことで、「じゃあ叶えるためには何が必要？」「いつまでに何をする？」と、問いかけられるような気持ちにもなるでしょう。

人生を動かすのは「準備」です。準備し、段取りよく進めていく。それさえできれば、どんな未来も自分で描くことができるのです。

何のための時間かはっきりさせることで、段取り力が上がる

段取り力を上げるためには、まず目的をはっきりさせることが大切です。その時間は何のための時間なのか、目的があるのか、それとも無目的で会うことが目的なのかをしっかりと見極めておくのです。

たとえば、北欧でよく見かける会議には必ず**「アジェンダ」**と呼ばれる検討課題や議題が設定されています。会議では、アジェンダだけではなく発言者のセリフもあらかじめ用意されていて、まるでシナリオ通りに進むドラマのように会議が進行

していきます。

やるべきことが決まっているので、ムダな雑談はありません。段取りがうまくできているので、予定時刻ちょうどに会議が始まりますし、予定していた終了時刻よりも早く終わるのが当たり前です。

一方で、アジェンダがない会議でありがちなのが、時間になってもすぐ始まらずに、15分くらい無駄話が続くケース。

無駄話が一段落したところで「そろそろ会議でも始めようか」といって会議が始まるのですが、最初の雑談が長すぎると、当然時間が足りません。「残りはメールで送りますから」と慌てて解散になる。

まるで、顔を合わせるのを目的に集まったかのようです。

もちろん、すべての集まりにアジェンダが求められるわけではありません。中には飲み会や食事会のように、あえて目的を定めずに「会うことが目的」のような集まりもあっていい。

たとえば会議の後で「この後飲みに行きましょう」という話になったとしたら、飲み会は目的を定めないほうがかえって生産的です。自由なテーマで制限なく話せるので、思いも寄らぬ方向に話が展開することもあるからです。

良くないのは、目的があるものと目的がないものを混同してしまうこと。混同すると、先ほどのアジェンダのない会議のようにだらだらと無意味な時間を過ごすことになってしまいます。

その時間は何のための時間なのか、これをはっきりさせることで段取り力が身についていくのです。

まとめ

桃や柿が食べたいと思ったら、何年も前から準備が必要。同じように、5年後、10年後に実現したい目標があるのなら、逆算して早いうちから準備を始めよう。

25 神メモで「PDCA」を回す

神メモは、最高の仲間であり最高の味方である

ビジネスの世界ではもはや常識となったPDCAサイクル。P＝計画（Plan）、D＝実行（Do）、C＝評価（Check）、A＝改善（Action）を繰り返しながら、継続的に業務を改善していく方法です。

実は、**神メモはPDCAを効率よく回していくためにとても役に立つツール**なのです。

ミッションやタスクをすべて神メモに書き出すことによって、PとDが明確にな

ります。やるべきことがわかっていれば仕事が早く片づきますから、同じ仕事をしている人に比べて、ダントツの結果を出すことができるようになります。

また神メモは、1日1回新しいものにするのが基本です。**新しいメモに書き写すことで、その日の行動を振り返ることができます。**

片づいたタスクはどれなのか、1日でどれぐらい行動ができたのか、計画を実現するために必要な情報を集めることができたかなど、行動や出来事を評価しつつ、**「明日はこうしよう」「もっとこうしてみよう」など、改善案も出すことができます。**

すなわち神メモを書くことで、P、Dはもちろん、C、Aもできるのです。

望んだ結果を出すことがPDCAの目的でもありますが、結果を出すためには、楽な方向ではなく、最善の方向に向かわなければなりません。計画を実行したら評価し、改善し、また計画を立てる。新たな計画を実行し、実行したことを評価して改善してさらに計画を立てていくことが必要です。

PDCAはこの繰り返しですが、最善の行動をとらず、易きに流れてしまう人がいます。

たとえば営業マンは、お客さんに商品やサービスを売ることが仕事です。本来、新規の得意先や会話が弾まない相手にも、商品やサービスの魅力を伝え、知ってもらわなければなりません。

ところが成績が思わしくない営業マンほど、元々の知り合いや会話しやすい相手にばかり、商談に行く傾向があります。話は弾んでも、なかなか契約にはつながりません。契約できるチャンスがある見込み客にチャレンジしないから、いつまでも結果が出ないのです。

多くの人が、他人から共感してほしいと思っています。しかし、他人から得た共感や賞賛は麻薬のようなもの。つい依存してしまい、他人の顔色をうかがうようになったり、他人の意見に振り回されたりして、自分がなくなってしまいます。

共感や賞賛を他人から得ようとするのではなく、自分で自分をほめる習慣をつけ、自分が自分に共感や賞賛を与えられるようになりましょう。そうすれば、他人に振り回されない自分を確立できるようになります。

自分で自分をほめる習慣をつけ、他人の意見に左右されずに自分がやりたいことを貫けるようになれれば、人生が大きく花開いていくと私は思っています。

共感が欲しいなと思ったら、神メモを書くときに意識して自分をほめてみましょう。神メモをうまく使うことで、自分のミッション、タスクに共感しながら、明日の自分を最善の行動に導いていくことができます。

うまくいく人は「脱皮」を繰り返している

うまくPDCAサイクルを回すことができれば、より質の高い目標や行動を設定することができるようになります。

これは**生き物の脱皮**に似ています。たとえば、モンシロチョウの幼虫は毛虫の状態からさなぎになるまで、合計で4回脱皮します。

モンシロチョウの幼虫を見たことがある人はわかると思いますが、幼虫の状態を見ると、とてもあの美しいモンシロチョウに変化するとは思えませんね。まるで別の生き物のような姿です。

脱皮は激しくエネルギーを消費します。しかも必ずしも成功するとは限りません。途中で失敗すれば即死に至る危険なプロセスです。そんな危険を4回も冒すことで、あの美しい蝶が生まれるのです。

私たちの成長も脱皮と同じ。階段を一段一段、着実に上るようなものではありません。別次元にワープするような成長の仕方をします。

昨日までは聞き取れなかったはずの英語が突然聞き取れるようになっていた。1年前はできなかった的確なアドバイスがスラスラ部下にできるようになっていた。似たような経験が、あなたにもあるのではないでしょうか。

ダイエットに成功したら、今まで着ていた服のサイズが合わなくなってしまい、クローゼットの中をすべて買い換えた、という人もいます。幼虫が脱皮を繰り返して蝶になるように、成長するとき人は飛躍するのです。

大丈夫かな、やっていけるかなと、不安やストレスを感じるでしょうし、摩擦が避けられないこともあるでしょう。ときには、辞めておけばよかったと後悔することもあるでしょう。ただ、それを繰り返していかなければ、人は飛躍も覚醒もしないのです。

1日1枚の神メモは、脱皮のようです。「明日はこの神メモで生きていく」と決めて、その日が終わったら、また「明日はこの新しい神メモで生きていく」と決める。

その繰り返しによって私たちは成長し、進化することができるのです。

まとめ

神メモにミッションやタスクを書くことで、目標や実行することが明確になる。1日1回メモを書き写すときには、意識して自分をほめ、改善案を考えてみよう。

26

メモをすると時間が増える

あらゆるタスクを同時進行できれば、時間は大幅に増える

会社に大きな利益をもたらすプロジェクトを受注できるチャンスがあったのに、繁忙期で目が回るほど忙しくてそのチャンスをつかみ損ねた。

新しい仕事にチャレンジしたいのに、手持ちのタスクが片づかなくて新しいことに着手できない。

そんな悔しい経験をしたことがある方も多いのではないでしょうか。

忙しいことを理由に千載一遇のチャンスをふいにしたくないのであれば、同時進

行でプロジェクトを進めていくしかありません。

私は常に80～100のプロジェクトを同時進行させています。しかも、ほとんどすべてのプロジェクトを私1人で進めています。

もちろん作業は担当者に振り分けますが、指揮を執るのは私です。チーム単位でプロジェクトを動かすことはありません。

これだけの数のプロジェクトを動かしているのに、すべてのプロジェクトは円滑に回っており、「あの人に連絡するのを忘れていた」とか、「あの案件を準備するのを忘れていた」と、タスクが抜け落ちることはありません。それは、神メモにすべてを書いているからです。

タスクは必要に応じて振り分け、1日の終わりにすべて相手にボールを渡して眠るようにしていますから、プロジェクトをたくさん抱えていてもタスクが溜まって回らないということがないのです。

今すでに忙しいのに、もっとプロジェクトを増やし、さらに同時進行するなんて無理だ。あなたはそう思うかもしれません。しかしタスクを圧縮することができれば、それは可能です。

たとえば、私の仕事の1つに研修があります。同じクライアントに毎月1回、いろいろなテーマで3時間ほど話をしています。研修で何を話すかを組み立て、必要な情報を集め、必要に応じて勉強する。こうした準備はすべて、私がしなければなりません。

3時間という長丁場の研修で、クライアントに合ったテーマをセミオーダーで設定する。毎月ネタが被らないようにしなければなりませんから、普通に考えれば準備に2日くらいは必要です。

しかし、私の準備時間は毎回わずか10分です。研修の前に10分、ざっとその日の構成を確認するだけ。話すべきテーマも、必要な情報も、事前にすべて揃っているからです。

神メモを書くことで潜在意識に命令がいき、潜在意識が知らない間に働いてくれていますから、あえて準備のためにまとまった時間をとる必要がないのです。

潜在意識を使うことで、タスクを大幅に圧縮することができます。そうすれば、大量のプロジェクトも同時並行して進めていくことができるようになるというわけです。

「探す」「思い出す」が、あなたの時間を奪っていた

人は探し物のために、1日10分もの時間を浪費しているといわれています。1日10分ということは、1週間で1時間以上。年間でなんと60時間以上の時間を、探し物をするためだけに使っているのです。

探し物だけでなく忘れ物を思い出す時間を入れれば、おそらくもっと多くの時間を浪費していると私は思っています。

私たちは毎日溢れんばかりのタスクに追われ、なかなか自分のペースで仕事をす

ることができません。上司から突然「あれどうなった？」と聞かれて慌てることもあります。

取引先からのメールで「あの件ですが……」と書かれていて、「あの件」を思い出すのに時間がかかってしまうこともあるでしょう。しかし神メモを使えば、思い出す必要がありません。

私は神メモのソロバンの欄に、顧問先の会社の名前を毎日書くようにしています。そのおかげで、顧問先から突然「あの件どうなりました？」と聞かれたときに「チラシのラフですよね？　今日仕上げて、説明を録音してメールします。いったんこれで進めて、たたき台を見せてください」といった具合に、すぐさま、しかも具体的に答えることができます。

数カ月先のプロジェクトも、ぜひ神メモでタスク管理してください。突然上司から「あれどうなった？」と聞かれたときに、慌てる必要がありません。思い出すために時間を浪費することがないので、打ち合わせもサクサク進みます。

最短で仕事を進めることができれば、時間が大幅に圧縮でき、今までは10時間かかっていた仕事も、5時間で終わるかもしれません。実際に神メモを活用し始めれば、こんなことは朝飯前です。

仕事が早く終われば、余った時間を自分へのご褒美に思い切り使ってください。映画を観たり友達と食事に行ったり、前から習いたかった習いごとをしたり。時間と心の余裕が生まれたら、好きなことができるようになります。もちろん新たな仕事を加えてもいいでしょう。

「忘れ防止」で生まれた自由時間で、人生がますます充実するのです。

まとめ

神メモを書き、潜在意識を活用することで、タスクを大幅に圧縮できる。タスクを思い出す時間も減るので、大量のプロジェクトも同時並行して進めていくことができるようになる。

27

メモを仕事仲間とも共有する

お互いの得意なことの交換で、さらに時間が短縮できる

神メモは、自分の棚卸しやタスク管理などの使い方の他に、「他人とスキルを交換する」という目的で使うこともできます。たとえば、**仕事仲間とのタスクの交換**です。

私の秘書も神メモを書いていますし、ビジネスパートナーの中にも、神メモを書いている人たちがいます。そこで彼らとミーティングをするときには、神メモを持ち寄ってシェアするようにしています。

お互いの神メモをシェアすることで、今どんな仕事をしているのかがわかりますし、タスクがどれだけ溜まっているかもわかります。仕事に対する価値観や夢なども知ることができます。

タスクを他の人に振ることができるようになると、タスクは驚くほど早くスムーズに片づいていきます。そしてタスクが片づくと、新たなプロジェクトが入る余地も生まれます。タスクが早く片づくことで、仕事が充実し、達成感もどんどん大きくなるのです。

アメリカに、有名な『フォード』という自動車メーカーがあります。創始者であるヘンリー・フォードは「フォード・システム」という分業システムを導入することにより、自動車の生産数を爆発的に増やし、コスト削減によって自動車の価格を1／3以下にすることに成功しました。

彼はベルトコンベアを工場に導入し、**作業を細分化して誰でもできるものに単純化・標準化することで莫大な富を得た**のです。

神メモは、この「フォード・システム」に似ています。メモに書くことによってタスクは細分化されます。まるで車の設計図のように、ロマンを見ればその人が実現したいこともわかります。

神メモを仕事仲間と共有し、タスクを交換することは、フォード・システムのように効率が良いのです。

しかし多くの人が、上手にタスクを振り分けることができません。人は、得意なことは早く取りかかれるし早く終わらせることができますが、苦手なことはそういきません。不得意なことになると、途端に減速するのです。

なぜなら「面倒だな」という思いが先立つために、取り組みそのものが遅れるから。重い腰を上げて取りかかっても、苦手なことなので人より時間がかかってしまいます。その結果、不得意なタスクを抱え込んでしまうのです。

自分が不得意なことでも、他の誰かにとっては得意なことかもしれません。自分が不得意なことは、得意な人に任せましょう。そして、相手が不得意なことを自分が引き受けてあげれば、お互いに効率よく、ストレスなく仕事を片づけることができるのですから。自分が得意なことが相手に喜ばれることであれば、喜びや感謝が2倍3倍と増えます。さらに結果もついてくるので、仕事もどんどんうまくいくのです。

たとえば、**私は営業が得意ですが、資料作りなどの細かい仕事が苦手です。そこで、取引先の営業を勝手に引き受けて「営業部長をしてあげるから、その代わりに何かあったら、他のことをフォローしてくださいね」と言うと、とても喜ばれます。**

ビジネスの世界では、お金がすべてです。ストレートに表現するならば、「売上でしかその人を幸せにできない」といっても過言ではありません。

基本的に、売上を上げてくれる人はありがたいもの。売上につながる人を紹介してもらうのは、とても助かること。だからこそ、営業を代わりにするととても喜ばれるのです。

多くの人が困っているところだからこそ、そこをフォローしてあげる。そうすることで、「原さんはいつも営業してくれてありがたい。自分も何か恩返しをしてあげたい」と思ってもらえます。良い関係性を築くことによって、お互いに良質なパフォーマンスで仕事を進めることができるのです。

スムーズにタスクを交換するためには、自分が抱えているタスクはもちろん、相手が抱えているタスクや仕事のスケジュール感も、細かいところまで把握しておくことがポイントです。相手が忙しいのに急ぎの仕事を依頼しても、希望する納期までにタスクが終わらない可能性が高いからです。

他者基準の視点でタスクを振るために、私が気をつけていることがあります。それは、**早めに相手にボールを渡しておく**ということです。

私は、自分が抱えているボールはすべて相手に渡してから眠るようにしています。それは自分が安眠するためでもありますが、一番の理由は「人に仕事をお願いするときには、その人のペースで仕事をしてもらうことがマナーだ」という思いがあるからです。

一刻も早くタスクを自分の手から相手に渡しておけば、相手のペースで取りかかることができます。常に**「自分の手に持たない」**ことを意識し、相手の仕事がしやすいように、できるだけ心配りしましょう。結果的に、スピーディーに良質な仕事をしてくれる仲間がどんどん増えていくのが実感できるはずです。

人に頼ることで、1人ではなし得ないことも達成できる

バランス良くマルチタスクがこなせる人はなかなかいません。それぞれに個性があるように、得手不得手もさまざま。神メモはこの「得手不得手」を知るためにも役に立つのです。

飲食店で働いていたときのエピソードをいくつか紹介しましたが、店長もそれぞれに得手不得手がありました。味にはこだわるものの清潔さや接客は無頓着な人がいたり、逆に掃除ばかり徹底している店長がいたり。本当にさまざまでした。

でも、効率という点でいえば、それでいいのです。味や接客、清潔さ、コンセプトのユニークさなど、1人ですべてを追求しようとすると膨大な労力と時間がかかってしまいます。

その道のプロフェッショナル顔負けの知識や経験があれば別ですが、素人レベルであればなおさら、**1人ですべてをこなそうとするのは得策ではありません。時間は限られていますし、物事には優先順位があるから**です。

神メモを使ってまずは得手不得手を把握し、必要に応じて人に頼ることも大切です。不得意なタスクはそれを得意とする人に任せようと書きましたが、同じように、自分が詳しくない分野については、「この人に聞けばすべてわかる」という先達を見つけておくのです。

私はこの先達のことを**「マスターマインド」**と呼んでいます。鉄壁のマスターマインドを自分の周りに配置しておけば、最良の知識や情報が手に入り、サクサクと仕事が進みます。やはり餅は餅屋です。

マスターマインドは、1人では足りません。私たちがすべてのことをまんべんなくできるわけではないように、プロフェッショナルたちもそれぞれ得意分野があるからです。

私はコンサルティングやセミナーで「**マスターマインドは8人揃えましょう**」と伝えています。マスターマインドは、あなたが会社員なのか、または起業家なのか、主婦（主夫）なのかなど、あなたの立場によっても変わってきます。

基本的なマスターマインド

①自分の生き方すべてを認めてくれる人（安全地帯）
②視座を上げてくれる人（原動力）
③心を良い状態に保ってくれる人（心の健康）
④体調を良い状態に保ってくれる人（体の健康）
⑤ブランドを上げてくれる人（ブランドアップ）

⑥最新・最良の情報を与えてくれる人（情報）
⑦お金を増やしてくれる人（お金）
⑧やりがいのある仕事の環境をつくってくれる人（達成感）

会社員が揃えるべきマスターマインド

①自分の生き方を認めてくれるパートナーや家族
②成長を促してくれる上司や先輩、または得意先担当者
③悩みを聞いてくれる仲間や恋人
④体調が悪くなったときの病院や専門家
⑤出世や働きやすい環境をつくってくれる人
⑥最新・最良の情報を与えてくれる人
⑦給与やボーナスを増やしてくれる案件を持ってきてくれる人
⑧やりがいのある達成感を感じる環境をつくってくれる人

起業家が揃えるべきマスターマインド

①起業する前から認めてくれ、応援してくれていているコーチ
②常に一歩先をアドバイスしてくれる先達
③常に味方で安心してなんでも話ができる友人
④血流、有酸素、食事など健康面で指南してくれる専門家
⑤ブランドを上げてくれる人
⑥最新・最良の情報を与えてくれる人
⑦売上や利益が増える具体的な方法をアドバイスしてくれる人
⑧社会貢献や寄付など、人格が上がる指南をしてくれる人

主婦（主夫）が揃えるべきマスターマインド

①主婦（主夫）業を認め、最大限、応援してくれる人
②視座を上げてくれる人
③子育てや人間関係などの悩みを聞いてくれる人

④更年期や介護疲れなど共感してくれる人
⑤主婦（主夫）業の大切さや価値をわかってくれる人
⑥受験、介護、地域のことなど最新・最良の情報を与えてくれる人
⑦節約や安いお店情報など利益につながる情報を与えてくれる人
⑧自立に向けて刺激や達成感につながる情報を与えてくれる人

学生が揃えるべきマスターマインド

①いつも最大の味方になってくれる友人や先輩
②将来のためになる話や情報を与えてくれる人
③笑顔ややる気につながる話をいつもしてくれる人
④健康や体力強化について良いアドバイスをくれる人
⑤夢やビジョンにつながるアドバイスをいつもしてくれる人
⑥就職や将来のために力になる情報を与えてくれる人
⑦収入が上がる職業などの情報を与えてくれる人

⑧生きがいがある生き方や達成感の経験を語ってくれる人

たとえば「情報や人脈のマスターマインド」というのは、「この人から情報収集をすれば確実だ」と思える人や「この人の人脈は質が高い」と思える人のことです。「自分らしさのマスターマインド」というのは、「この人のように自分らしくありたい」と思えるような人のことです。

「この人みたいになりたい」とモデルにできる人や、「この人は上質なリソースを持っている」と思える人を、まずは8人探してみましょう。

まとめ

不得意なことを得意な人に渡して、お互いに得意なことをするようにすれば、仕事の速度が上がる。メモを共有することでお互いの状況を把握しておけば、お互いに自分のペースでタスクを片づけることができる。

28
メモ1枚で「すぐやる人」になれる

仕事を頼まれたら、今すぐ10％進める

私が船井総合研究所で働いていた頃からお世話になっている人に、唐土新市郎さん（専務を経て、独立された）という方がいます。

この方からは本当にいろいろなことを教わったのですが、中でも印象的だったのが、**「仕事を頼まれたら、全部片づけなくていいから、10％だけすぐにやりなさい」**という教えでした。

「早く手をつけて10％進めることによって、潜在意識が動き始める」というのがそ

の理由です。

人は、1を100にすることは比較的簡単にできるもの。ところが、0を1にすることに大きな恐怖を感じる生き物だと言われています。動き出してしまえば慣れていくのですが、変化に弱いため「動き出す」ことを嫌うのです。

だからこそ、とにかく0を1に進めておく。すると先が進めやすいというわけです。

神メモに書きながらいいアイデアが浮かんだら、まず10％くらい手をつけてみてください。15％を目安に上司に報告して、方向性が合っているかを確認します。30％を超えると形になってくるので、周りを巻き込むといいでしょう。

50％を超えるとゴールが近づき、タスクに変わります。60％を超えたら再度報告して、アドバイスを仰ぎましょう。

たとえばあなたが営業マンで、顧客への新しい提案を思いついたとします。最初からいきなり手の込んだ企画書や見積書を作成する必要はありません。まずメールやLINEなどで、軽く方向性を伝えてみるのです。

「社長、もし新事業として高級食パン屋さんの展開を考えているなら、弊社がプロデュースできます。なんなりとおっしゃってください」といって、軽く声をかけてみる。そうして相手が考えていることを探ってみるのです。

上司に確認し、途中からは周りも巻き込み、「結果につながる可能性が60％を超えている」と判断したら、やり続けましょう。もしも「意外といいアイデアでもなかった」と思ったら、やめればよいのです。

まだ10％しか取り組んでいない段階なら、ストップしても大した損失にはなりません。時間もコストも労力も投資が少なくて済みますから、損切りしやすいのです。

「速さ」が時間を生む

次から次に仕事が舞い込むと、タスクを人に振る時間もとれないことがあります。

たとえば、あなたがチラシをつくりたいと思ったとき。

「指示をされた人がわかりやすいよう、チラシのラフも丁寧に書こう」「指示することをまとめて、落ち着いてメールを作成しよう」と思うなら、ある程度まとまった時間が必要です。

仕事が立て込んでいれば、目の前の仕事優先。すぐには取りかかれません。ようやく全部片づいたけれど、もうクタクタ。ラフを書き、指示をまとめる気力なんて到底残っていない……。

結局は、頭がスッキリした状態で仕事をしたほうが片づくと思い、「明日朝早く起きてしよう」と先延ばし。ところが疲れていたこともあって翌日寝坊、またタスクを振ることができなかった……。

似たような経験をしたことがある方も、多いのではないでしょうか?

ここで問題となるのが「まとまった時間をつくって、取りかかろう」としてしまっていること。

元々タスクが山積みなのですから、まとまった時間はなかなかとれません。する

と結局、どんどんタスクが先延ばしになってしまいます。

すぐに取りかかっていれば数日で完成したはずなのに、指示を先延ばししたせいで数週間かかってしまう。このようなケースが多いのです。

時間の浪費は防がなければなりません。**早く終わらせたほうがいいタスクについては、私は順序やマナーなどは一切抜きにして、一番早く片づく方法を選ぶ**ようにしています。そして、細切れの時間をうまく使って取り組むようにしています。

たとえば、「チラシのラフを描いて、デザイナーさんにお願いする」というタスクであれば、手でラフを書きながら伝えたいことを話し、動画を撮るのです。

電車での移動中のように、しゃべることが難しい場面もあります。その場合は、車内でラフを描き、電車を降りて録音できる状況になったら、歩きながら音声を録音します。

そしてDropboxなどに音声とラフ画を入れて共有しておけば、数分でタスクが片づくのです。

こうすれば、私は細切れの時間を有効活用できますし、デザイナーさんも、雑であっても指示が早く来たほうが自分の時間が増えて助かります。

タスクを片づけたら、神メモに反映しておきましょう。次の細切れ時間のときに「何をしようかな」とか「えっと、あのタスクは終わったんだっけ？」と、考えて時間を浪費せずにすむようになります。

まとめ

人は変化に弱いので、新しいことを始めるのが苦手。その習性を理解して、仕事を頼まれたときは10％だけすぐに着手しよう。10％さえ進めておけば、その後はスムーズに取りかかれるようになる。

29

メモで「本当にやりたいこと」が見つかる

神メモを書いていると、本心が浮き彫りになる

毎日神メモを書き続けていると、いろいろなことが見えてきます。

たとえば、やりたいと思っていることなのに、いつまで経っても何の進展もないタスクがある。タスクを書き写すたびに、胃のあたりをぎゅっとつかまれたような違和感がある。なんとなく打開策は見えているけれど、どうも気乗りしない……。

それはもしかすると「痛みを避けたい」という本心が隠れているかもしれません。

人は、痛みを避けて快楽を得ようとする生き物です。意識していなければすべて

の人が、痛みを避けて快楽を得るほうに流れていくようにできているのです。

たとえば「英語がペラペラになりたいから、毎日5時間英語の勉強をしよう」と決めたのに、数日しか続かない。それは、勉強することが苦痛だから。

苦痛を耐えて勉強するよりも、スマートフォンを見たり友達と飲みに行ったりするほうが楽しいので、どうしてもその快楽を得ようとしてしまうのです。

目標を達成できる方法がわかっているのに実行しないのは、結果は出したいと思っているけれど、努力や苦痛がイヤだという気持ちが勝ってしまっているから。

潜在的には努力したらたいていの結果が出ることを知っているのに、知らないフリをしている状況なのです。


本当に結果を出したいのなら、「痛みを避けて快楽を得ている」状態を意識的に変えていかなければなりません。痛みを快楽に、快楽を痛みに変換するのです。

たとえば英語の勉強なら、「1年後に自分1人でアメリカに移住することが確定している」状態であれば、おそらく必死になって勉強するはずです。

このときの「痛み」とは、「英語をサボり続けたために全く読み書きができず、アメリカに渡ったときに大恥をかき、生活できない」といった現実です。その痛みを避けるためなら、今5時間勉強することは決して苦ではないでしょう。

すなわち、5時間の勉強が「快楽」に、勉強をせずに友達と飲みに行ったりスマートフォンを見たりすることは「苦痛」になるわけです。

神メモを毎日書き、進展がないタスクがあれば、何らかの痛みを無意識に避けようとしているのかもしれません。そのときは痛みを快楽に、快楽を痛みに変えて突破しましょう。

結果は付いてくるものではなく、出すと決めて出すもの

神メモを使っているのに、結果が出せない。そんなときは、改めて自分に問い直す必要があります。本当はやりたくないことを「やりたい」と思い込んでいないで

しょうか？

「私は本当に、心の底からこれをやりたいんだ」と思うなら、大事なことは「絶対に結果を出す」と覚悟を決めること。多くの人が「頑張っていれば結果は後から付いてくる」と思っていますが、まずその発想を変えなければなりません。

イチロー選手がメジャーリーグに行ったときのことです。彼もまた「一生懸命頑張っていれば必ず結果が出る」と自分に言い聞かせていたそうです。

しかし彼が傑出していたのは、「こんな考え方で結果など出るわけがない」と気づいたことでした。

「一生懸命頑張っていれば必ず結果が出る」というのは、結果が出なかったときの言い訳を用意しているだけ。結果が出なかったとしても、「でもこれだけ頑張った」と言える環境を結果が出る前にすでにつくってしまっている。

その意識こそが結果を出す覚悟がないという証明であるということに、彼は気がついたのです。

彼は「その程度の意識では結果は出ません」とも語っていますが、私も完全に同じ意見です。

神メモには「ロマン・ソロバン・チャージ」という3つの枠があり、すべて大事とお伝えしましたが、その理由もここにあります。

「忘れないようにメモに書いておこう」ではなく、「1年以内に絶対にTOEICで900点をとる」とか、「3年以内に必ず支店長になる」という強い気持ちを持つことがとても大事なのです。

結果が出せないときほど、運や能力、人脈などの外的要因に「結果が出ない理由」を求めたくなるもの。

「イチローだから結果が出せたんでしょ?」「元々才能があったから、メジャーリーグでもあれだけすごい成績を残せたんでしょ?」などと、つい自分にはできないと思えるための理由を探してしまいます。

たしかに彼が、非常に素晴らしい素質を持った選手であったことは間違いありません。ヒット数で世界記録をつくった彼は、野球大国アメリカにおいて、もっとも有名な日本人プレイヤーと言えるでしょう。

しかし、あそこまで結果を出し続けられたのは、何よりも彼自身が「結果を出し続ける」と決めて日々挑んでいたからに他ならないのです。

結果を出すと決めたなら、結果を出す自分をつくることが大事です。

今の時代、あらゆる情報はスマートフォンさえあれば手に入ります。

地球の裏側で起こっていることだってリアルタイムで知ることができますし、100年前、千年前に起こった出来事についても、詳しく知りたいと思ったらいくらでも情報を手に入れることができます。

世界的に有名な大企業の経営者が思いついたことを、あなただって思いつくことができるはずなのです。

憧れている人やつながりたい人がいるのなら、Facebook や Twitter で勇気を出してコンタクトをとることも可能です。チャレンジするのに、お金も必要ありません。私もそうやって、貴重な人脈を自分の手で開拓してきました。

情報も与えられていて、ツールも大差がないのが、現代という時代の特徴。記録や整頓、蓄積をしているかどうかで、その後が大きく変わります。

実現したいことをメモに書き、タスクに落とし込み、1日の終わりに毎日のタスクを記録・整頓して新しいメモに書き写す。1日たった15分程度の習慣の蓄積が、1年後、5年後、10年後の人生に圧倒的な差を生み出すのです。

神メモを通じて、毎日「自分」をほめよう

この章の最後に「自分をほめる」ことの効果をお伝えします。131～133ページでもお伝えしたように、**神メモに書くことで、起きている時間はもちろん睡眠中も常時、潜在意識が働き続けてくれます。潜在意識には、給与もオフィスも食事も睡眠も必要ありません。24時間365日、ずっと働いてくれます。**

ただ、1つだけ必ず顕在意識である「あなた」が行動しなければならないこと。

それが**「ほめる」**ことです。ほめることを怠ると、潜在意識はすぐ拗《す》ねます。

なので、**神メモを毎晩15分書き続けることで、「今日どうだった？」「何か進んだ？」「明日、どうしようか？」と自分の潜在意識と対話をする**のです。

その対話こそ、「いつも一緒だよ」「応援しているよ」「今日はよく頑張ったね」と、お互いを労い、尊敬し合い、ほめ合うことにつながります。

他人からの評価はあくまでプラスα、自分が自分をしっかり評価していれば、そして、結果につながるプロセスをほめていれば、おのずと目標は達成されるのです。

まとめ

神メモを書いても叶わないこと、片づかないタスクがあるとすれば、本気でやりたいと思っていないだけ。人は痛みを避けて快楽を得ようとする生きもの。結果が出ないのなら、今「痛み」だと思っていることを快楽に変えてみよう。

第4章

メモ1枚で心も人間関係も整う

30 メモで、思考整理ができる

モヤモヤした感情も、メモを書けばスッキリする

私たちは毎日、いろいろなことを考えています。たとえば「今日のランチは何を食べようか」という些細なことから「マイホームを買おうか、買うまいか」という人生における一大イベントまで、1日のうちにさまざまな決断を下しています。

あるデータによれば、人が1日で何かを決断する回数は、3万回とも6万回とも言われています。

3万回や6万回もの決断をするために、頭の中では大量の情報収集が同時に行わ

れています。そして必要な情報を集める過程で、さまざまな周辺情報や感情も同時に溜まっていくのです。

情報を集める中で、アイデアや目標、夢など、ポジティブなものを取り込むこともあります。一方で、人から言われたことやされたことでモヤモヤしたり、イライラしたり、悲しくなったりして、ネガティブな感情が蓄積していくこともあるのです。

モヤモヤやイライラが外に放出されないままだと、どうなるでしょうか？「どうしてあんなことを言われたんだろう」「あのときこう言い返せばよかった」「なんであの人はいつもこうなんだろう」というように、モヤモヤやイライラが消えないまま、頭の中で延々とループし続けてしまうのです。

さらには、「そういえばあのときもこうだった」「あんなこともあった」と別のことまで思い出してしまい、さらにモヤモヤするという悪循環に陥ってしまうこともあります。

悪循環を防ぐためにも、モヤモヤした感情は早い段階で外に出してしまわなければばなりません。そこで活躍するのが、やはり神メモなのです。

神メモを使えば、モヤモヤした感情を外に出してスッキリします。さらには、ポジティブに変換して終わりにすることができるのでおすすめです。

神メモを書くことで、頭の中で乱雑に散らばっていた情報をメモに落とし込めるので、思考の整理整頓ができ、頭の中に余裕が生まれます。そうすると、モヤモヤしていたことに対しても、少し離れた場所から第三者的に眺めることができるようになるのです。

片づいたタスクをチェックすると達成感を得られますし、「ロマン」に何を書こうかと考えるときには、自分の可能性がぐっと広がる感覚を得られます。

神メモを書いていると、どんどんワクワクしてくるのです。

部屋を片づけるように、思考も片づける

私たちの視界には、たくさんの情報が飛び込んできます。試しに電車に乗っているとき、意識的に周りを見てみてください。想像以上に多くの情報が目に飛び込んでくるはずです。

電車の中には、ありとあらゆる場所に広告が貼られていますし、駅を降りても大量の広告を目にすることに気がつくでしょう。

溢れかえっているのは広告だけではありません。手元にあるスマートフォンにアクセスすれば、ニュースサイトやＳＮＳ、面白い動画などを、すぐに見ることができます。

しかし情報が多すぎるとかえって混乱し、決められなくなってしまうのも事実。**ベストな選択をするためには「いったん立ち止まって、手元にある情報をまとめ、思考を整理する」というプロセスが必要**です。

これは、部屋を片づけることと似ています。

忙しくて片づける暇がないと、不要なものがどんどん部屋に溜まっていってしまいますね。

するとと探し物をするときにも「あれはどこにやったっけ」「たしかこの辺に置いた気がする」と、過去の自分の行動を思い出しながら探さなければなりません。

ごちゃごちゃしているので探すのも一苦労で、時間も労力もかかってイライラしてしまいます。


頭の中も同じです。いったん頭の中に放り込まれた情報は、そのままにしておくとどんどん蓄積し、ごちゃごちゃになってしまいます。ですからメモに書くことで頭の外に出し、外でいったん整理をするのです。


神メモを使えばアンテナを張ることができます。すると、自分にとって必要な情報だけを選び出し、手に入れることができます。

膨大に蓄積した情報を書き出してほどいてみれば、驚くほど頭の中がスッキリするのを実感できるはずです。

まとめ

人は大量の情報や感情を蓄積してしまうもの。外に出さないと、頭の中でずっとぐるぐると考え続け、モヤモヤは解消されずに力を増してしまう。情報やモヤモヤなどのネガティブな感情が溜まったら、紙に書き出して頭の外に出すようにしよう。

31 メモで「不安・悩み・ストレス」も消える

メモに書き出して悩みをずらしていく

　モヤモヤするようなことがあるのに、外に吐き出さずに自分の頭の中でぐるぐると考えている間は、自分が何に悩んでいるのか、何にモヤモヤしているのかに気がつきにくいもの。

　そのため本質からずれたところで、モヤモヤしている可能性もあります。

　たとえば、「家族みんなでハワイ旅行がしたいのに、お金がない」というモヤモヤを抱えているとします。旅費をつくるためには、収入を上げるか支出を抑えるかして、旅費を捻出しなければなりません。

しかし収入を上げようにも、残業が多い割に手取りが少なく、副業をするのも難しい。かといって十分に節約して暮らしているので、今の出費を抑えることも難しい。とても旅費を貯めることなどできなさそう……。

メモに書き出すうちに気分がどんどん重たくなり、「仕事のせいであれもできなかった、これも我慢した」と、どんどん不満が芋づる式に出てきてしまいました。

ここまで書けば、あなたは気づくはずです。モヤモヤする理由は、「ハワイに行く旅費がない」ことではありませんでした。実は、会社への不満こそが、モヤモヤの本質だったのです。

このように、**モヤモヤしたことをメモに書き出して掘り下げてみると、本当に悩んでいることがわかるもの。正しく認識できればあとは、解決するための方法を考えていけばいい**のです。

「今の会社に居続けることに、将来性を感じられない」というのが根底にある悩みだとわかったら、転職するのも1つの解決策でしょう。

では、転職するためにはどうすればいいのでしょうか？　転職について考えたとき、「今のままではあまり条件のよい会社に転職できないから、働きながら頑張って資格をとる」「もう少しで昇格しそうだから、昇格してから転職する」という方法が思い浮かぶかもしれません。

もしくは、解決策をメモに書いているうちに、今いる会社のいいところを再発見する可能性もあります。

「給料は低いけど、この会社が好きだったんだ。だったらこの会社で出世して収入を上げることを模索したい」という結論が出れば、また気持ちを新たに頑張ることができます。

私は、悩みというのは牢屋《ろうや》のようなものだと定義しています。悩みにとらわれてしまうと動けなくなってしまうからです。

悩みを解決するためには、とらわれている状態から脱することができればいいわけです。

紙に悩みを書き出して「なぜ？」という問いを繰り返しながら悩みを掘り下げていくと、悩みだと思っていたことがどんどんずれていきます。そしてそれに伴って、とらわれていた状態から動けるようになっていきます。

悩みだと思っていたことが、実は悩みではなかった。そう気づいたら、悩みが自然と消えたり、思いもしなかったような解決策が見つかったりするのです。

書くことで感情と向き合える

「毎日頑張って家事をしているのに、夫が全くねぎらってくれない」とか、「お義母さんにいつも嫌味を言われる」というように、他人との関係でモヤモヤやイライラを抱えてしまうことがあります。

多くの人が、「夫の愛情を感じなくなったせいでつらい」とか「お義母さんとは相性が合わない、きっと嫌われているのね」というように、モヤモヤやイライラの原因を相手との関係性に求めようとします。

しかし多くの場合、本当につらいのは相手との関係性ではありません。モヤモヤしていることや嫌な気持ちになったことを、きちんと吐き出せていないからつらいのです。

悩みは外にあるのではなくて、自分の脳の中にあるもの。私はそう感じています。機嫌がいいときには気にならないことも、イライラしているときにはやけに気になる。そんな経験をしたことはありませんか?

たとえば、コンビニエンスストアで、レジの人からぶっきらぼうな対応を受けたとき。機嫌がいいときなら「まだ慣れていないのかな」と相手を思いやることができるのに、機嫌が悪いときには対応に腹が立って仕方がない。そんな経験です。

自分の状況次第で、物事のとらえ方が180度変わることは珍しいことではありません。

モヤモヤやイライラの原因は外にあるように思いがちですが、実は私たちの中にあるもの。ですから、モヤモヤやイライラを防ぐためには、いつでも自分を良い状態に保てたらよいのです。

とはいえ、いつでも機嫌良く、ポジティブに物事をとらえられるようにコンディションを整えるのは難しいこと。そこでモヤモヤを紙に書き、頭の中から追い出す方法はとても有効です。

紙に書くだけですから、大きな声を出す必要はありません。人に感情をぶつけることもありません。思う存分書ききったら、頭も心もスッキリします。モヤモヤしたら、その辺のいらない紙にどんどん書き出すのです。

書き出したら、その紙はビリビリに破って捨ててしまいましょう！ 捨てた紙を拾われるかもしれないと不安に思うなら、燃やしてしまうのもいい方法です。

この方法をたくさんの方に試してもらいましたが、ほとんどの方が「紙を捨てた後、とても心が楽になった」「スッキリした」と答えてくれました。

紙に悩みを書いて吐き出した時点で、8割の悩みが消えるとも言われています。この「モヤモヤしたことを紙にすべて書き出し、書き終わったものは捨てる」という方法は、誰にも迷惑をかけずに自分のコンディションを取り戻せる、とてもいい方法です。

紙に書き出すとき、最初はためらってしまうかもしれません。誰かに見られるかもと不安になったり、文句や悪口を文字にしてしまうことに抵抗があったりするからです。

しかしその紙は誰にも見せないものなのですから、気兼ねなく思ったことをどんどん書いていきましょう。

遠慮はいりません。「こんなことを思う自分ってダメだなあ」と自己嫌悪に陥ったり、自分のことを責めたりする必要は一切ありません。とにかく頭の中にあることを思いっきり吐き出してみてください。

ちなみに、**やるべきことがはっきりすると、悩みに付き合っている暇がなくなります。**

神メモには「今日すること」「明日すること」と、目標に向かうためのタスクをどんどん書いていきますが、書き出したタスクに一生懸命に向き合うことで、悩んでいる暇がなくなるのです。

人は優先順位の低いことは「ちょっと後で」「また明日」と先延ばしにしていきます。そして実は、人間関係の悩みというのは、暇だから生まれる優先順位の低いものなのです。

その日のタスクや目標、夢などのポジティブなことに一心に向かっていると、よけいなことを考える暇がなくなります。心地よい疲れとともに睡魔がやってくれば、その日はモヤモヤから逃げることに成功したということ。

次の日はまた次の日のタスクで忙しいので、優先順位の低いことはまた棚上げされ、先送りされていきます。

「今日も悩む暇がなかった」を繰り返していくことで、悩みに追いつかれなくなります。それでも頭からモヤモヤが消えないときは、いらない紙にどんどん書き出して頭から意図的に追い出せばいいのです。

まとめ

紙に書き出すことで、悩みの8割は解決する。モヤモヤが溜まってきたら、思っていることを遠慮なく紙に書き出して、破って捨ててしまおう。

32 友人・恋愛・夫婦・子育て・家族関係も、メモ1枚で解決！

優先順位がずれると、人間関係がゆがむ

人間関係のずれやゆがみは、優先順位のずれから生じます。

結婚記念日を忘れられてがっかりしてしまうのは、自分が大事に思っている結婚記念日を、相手が同じように大事に思ってくれていないことが悲しいから。

学生時代からの親友と会ったとき、昔の楽しい思い出を相手が覚えていなくて悲しみを感じるのは、親友が過去の思い出を大事にしていないように感じるから。相手と自分の優先順位がずれてしまうことによって、怒りや悲しみ、淋しさが生まれ

てしまうのです。

その一方で、いい思い出がたくさんつくれた人とは、たとえあまり会えなくなったとしても、人は良い関係を続けることができます。

あなたが大切に思っている人のことを思ってみてください。関係が深ければ深いほど、そして長ければ長いほど、胸が温かくなるような素敵な思い出が記憶の随所に散りばめられているのではないでしょうか。

今から関係性を深めていきたい人がいるのなら、これから思い出を蓄積していきましょう。素敵な思い出を共有できる関係性を構築する努力をすればいいのです。

しかし人は、大人になればなるほど忙しくなり、ゆっくり人と会うことができなくなってしまいます。

高校生の頃や大学生の頃は、時間を気にせず朝までずっと電話で話したり、毎日のようにお互いの家に泊まったりして、長い時間を一緒に過ごすことができました。でも社会人になって仕事を抱え、結婚して家族ができると、そうはいきません。

目的がなければ会うことは難しく、用件がないと電話することすら、ためらわれるようになります。ただ長い時間を過ごすということが難しくなるのです。

だとしたら次に会うときは、前回の続きから始めたいもの。「あの話どうなった？」「この間のことだけど」と言えば、お互いに「あのことだな」と瞬時にわかる。それならば、わずかな時間であっても有効に活用することができます。

しかし優先順位がずれてしまうと「あの話どうなった？」「この間のことだけど」が通じなくなります。「あのことって、どのこと？」「ほら、この間話した」「何のことだっけ」と会話がかみ合わず、思い出すために時間をムダにしてしまいます。

それだけでなく、「この人にとって私はしょせん、この程度だったのか」と相手から思われてしまい、関係が悪化してしまう可能性もあるのです。

私が**神メモに大切な人の名前を書いているのは、大切な人の優先順位を高く保ち続けるためでもある**のです。

名前を書くことで、大切な人とずっとつながれる

神メモには「ロマン」「ソロバン」「チャージ」の3つのエリアがあります。

私はソロバンのところにお客さんや社員の名前を、チャージのところには家族や友人の名前を書いています。名前を書くことでタスクを顕在化できるというのも理由ですが、名前を書くことによってその人とつながることができるからです。

私には、小学生の娘が2人います。娘の名前を書くと、「去年は一緒に富士山に登ったな」「長女と一緒にカンボジアに行ったな」と思い出が蘇ります。

さらに、「今年もまた長女とカンボジアに行きたいな」「家族みんなで、ハワイやタイ、シンガポールにも行きたいな」と、楽しいアイデアも思いついたりします。

名前を書くことによって、相手と蓄積してきた素晴らしい思い出を味わうこともできるし、これから積み重ねていく未来のことも考えることができる。メモに名前

を書くことには、こんな素敵な効果があるのです。

名前を書くことで、毎日相手のことを思う時間が生まれますから、優先順位も下がりません。会話もずっと明確につながっている感覚ですから、次に会ったときには「あれどうなった？」から始めることができ、会ったときの時間を最大限有効に使うことができるのです。

ちなみに、私は神メモに大切な人の名前を書くとき、ただ名前を機械的に書いているわけではありません。

名前を書きながら、その人が抱いているであろう喜びや期待、気にかけていること、相談したいと思っていること、そして悲しみや悔しさを思い出すようにしています。あくまでも私が知りうる情報の中で一番の、という意味ですが、名前を書くことでその人の感情とつながっているのです。

大変な状況に陥った人がいたら、名前を書きながら「大丈夫かな」「何か自分にできることはないかな」とイメージします。「去年に比べてこんなに営業成績が上がってよかったな」と成功を喜ぶこともあります。その人の悩みに共感し、喜びには共鳴する。名前を書く数秒の間に、さまざまな想いを込めるのです。

潜在意識が四六時中考えてくれているとはいえ、すべての問題を解決するアイデアが浮かぶとは限りません。ただ、問題を解決してあげられなかったとしても、心を寄せて考えることはできます。そうすると、たとえその人とは年に一度、数分しか会話をする機会がなかったとしても、ずっとつながっていると思えます。

まとめ

人間関係がうまくいかないのは、優先順位がずれてしまって「忘れられている」と感じてしまうから。神メモに大切な人の名前を書くことで、毎日その人を思う時間をつくることができる。

33
メモで「自分」のこともわかる

自分が楽しいと感じることは、神メモが教えてくれる

神メモを書くことは、自分のトリセツ（取扱説明書）をつくることに似ています。人の悩みや希望は、人間関係・仕事・お金・健康・達成感・時間という6つに大別できると言われていますが、**神メモを書き続けていると、自分がどの分野で幸せを感じやすいのかが明らかになっていく**のです。

上司や社長から仕事を評価されたらテンションが上がるのか、仕事の中で表彰されたらもっと頑張ろうと思えるのか。

「やっぱりお金が入ってくることが一番嬉しい」という人もいるでしょうし、休みの前の日に気兼ねなくビールを飲んで美味しい食事をすることが至福だという人もいます。家族と一緒にいる時間を何よりも大切にしたくて、そのために働いている人もいるでしょう。

自分が何を実現できたら、楽しいし嬉しいと思えるのか。何を励みにすれば、つらいときや苦しいときも乗り越えることができるのか。自分で認識することができれば、人生を楽しみや幸せで埋め尽くすことができるのです。

人は、やりたいことしかやらない生き物です。やりたくないことはどうしても効率が下がりますし、やり抜くには相当の理由やご褒美が必要だったりします。

神メモを毎日書き続けていろいろな「自分」を俯瞰することで、自分が喜ぶこと、嫌なことがわかるようになるのです。

自分のことがわかれば、人に貢献できる

3章で、自分の不得意なことは得意な人に任せて、相手の不得意なことで自分の得意なことは引き受けてあげるといい、というお話をしました。

神メモを書くことによって自分のトリセツができれば、自分が得意なこと、不得意なことが自分ではっきりわかるようになっていきます。

自分が得意なことは簡単にできます。カメラが趣味なら、友人たちと集まるときや会社のイベントなどでカメラマンを買って出てみてください。

さまざまな被写体を撮影できるのであなたも楽しんで撮影ができますし、カメラの腕も上がります。友人たちも素敵なスナップを撮ってもらえるので喜んでくれますし、「ありがとう」と口々に言ってくれるはずです。

このように、**自分が得意なこと、好きなことを誰かのために無償でしてあげると、**

どんどん自分に「ありがとう」の貯金が貯まっていきます。

そうすると、自分が何か困ったときに相手にお願いもしやすくなりますし、お願いしたときにも「もちろんいいよ！」と気持ちよく聞いてもらいやすくなるのです。ときには、先回りして助けてもらえることもあります。

これは家族でも、ママ友でも友達でも、どのような関係であってもみんな一緒。

自分が得意なことや好きなことがわかれば、それを人に与えることで「ありがとう」の貯金が貯まり、いつか自分が困ったときに相手がサポートしてくれるのです。

まとめ

メモを書き続けていると、楽しいこと、嬉しいことがわかるようになり、友達や家族と物々交換のように得意なことを交換し合える。無償で何かをしてあげることで「ありがとう」の貯金が貯まっていき、今度は相手があなたを助けてくれる。

第5章

メモ1枚で人生がうまくいく

34
メモ1枚で、夢が叶う

神メモで、未来の自分にタスキをつなげていこう

1枚のA4の紙、「神メモ」。

たった1枚の神メモがあなたの夢を叶えます。その仕組みを、あなたはもう理解していただけたことと思います。

そして、実際に夢を叶えてきた人も、本書の中でたくさんご紹介してきました。

そして、これまでお伝えしてきたように、**私も神メモで大きな夢を叶えてきた1**

人です。

神メモで人生が好転する前、私の収入は月15万円でした。

毎日、仕事が終わる頃にはヘトヘトで、休みの日はひたすら家でゴロゴロして体力を回復させる日々。すでに結婚していて家族がいたのですが、家族のこともおざなりで、恥ずかしながら夫婦げんかが絶えませんでした。

しかしその後「ほめ育」の教育メソッドを生み出し、「ほめ育財団」を設立。「ほめ育」とは、「ほめる習慣をつけることでセルフイメージや自己肯定感を上げ、まずあなたが幸せになることによって、大切な人たちを幸せにできる」というメソッドです。

私自身の生活も大きく変わりました。休みもなくて毎日深夜まで仕事で忙殺されていた日々が、「ほめ育」に出会ってからは日本各地や海外を飛び回る日々に一変しました。

家族で北欧ノルウェー、シンガポールやタイ、ロサンゼルスに旅行に行ったり、趣味のトライアスロンや登山を楽しんだりする余裕も生まれました。

皆さんも叶えたい夢や目標をお持ちだと思います。それらは、なかなか手が届かないからこそ夢や目標なのです。

実現するまでに時間がかかるから、みんな叶え方がわからなくて、忙しさに追われるうちに忘れてしまったり、後回しにしてしまったりしているのです。

だからこそ準備が大切で、コツコツ地道に行動を重ねていくことが大切なのですが、**準備さえできれば大丈夫。かつての私のように、あなたの夢は必ず実現できる**のです。

ほめ育を世界中に広げたいと思ったとき、私は多くの人から反対され、夢を否定されました。海外展開は全く採算が合わず、渡航するたびに百万円単位のキャッシュアウトを余儀なくされました。現金が間に合わず、クレジットカードを使ってしのいだこともありました。

それでも私は諦めませんでした。諦めようと思ったことも、一度もありませんでした。

駅伝を走るランナーのように、どんな険しい道であっても走り抜き〝明日の自分〟というランナーに、タスキをつなぎ続けてきました。その結果、これまでにのべ50万人を超える人がほめ育を学んでくれたのです。

目標を抱くとき、言葉にならない思いがたくさんあるはずです。必死になって何かを手に入れようとしたものの、うまくいかず、挫折した経験は誰にでもあるはず。

未熟すぎて手に入れられなかったもの、もう二度と戻らない人、失ってしまった大切なものだって、これまでの人生でたくさんあったことでしょう。

その時々であなたは、くじけることなく明日のあなたに向かってタスキをつなげ続けてきました。だからこそ、あなたは今生きていて、新たな目標を抱いているのではないでしょうか。

今のあなたがいるということそのものが、あなたが過去から今へと、タスキをつ

ないできたことの証なのです。

さぁ、行動しましょう。自分が今日行動することで、タスキを明日の自分につなげることができるのです。

夢を叶えるのに、根性や苦痛は必要ない

夢を叶える道のりを進むのは、つらいことでも苦しいことでもありません。ワクワクすることです。歯を食いしばって苦痛に耐えるとか、雨の日も風の日もただひたすら働き続けるとか、そういうことではないのです。

多くの人は夢を実現しようとするとき、長い階段を全速力で駆け上がろうとします。息切れしようが、足が前に進まなかろうが、自分にムチを打ってでも進もうとする。

進めなくなった自分を責め立て、だめな人間だとレッテルを貼る。だから挫折し

てしまうし、二度と前に進めなくなるのです。

夢を叶えるためには、根性で自分をねじ伏せ、不屈の精神で進む必要はありません。単に「変化が怖い」という人の習性にうまく対策を立てればいいだけ。自分のペースで、1歩ずつゆっくり階段を上っていけばいいだけなのです。

神メモを使ってタスクを洗い出し、やるべきことが明確になると、1つ1つの行動に「エイヤ！」とエネルギーを使う必要がなくなります。

毎日歯磨きをしたりお風呂に入ったりするのと同じくらい、夢のために行動するのが当たり前のことになるからです。

歯磨きするときに「絶対に歯を磨くぞ！」と気合いを入れる人はいないでしょう。時間が来たら淡々と歯を磨きますし、歯磨きについて深く考えることもありません。まじまじと歯ブラシを見つめたり、歯磨き粉が出るかどうか慎重に確かめたりもしないですよね。

それは、歯磨きという行動が習慣化されているから。習慣化されているから歯を磨かないと気持ち悪いと感じるし、目をつぶっていても歯磨きができるようになっているのです。

夢を叶える行動も同じです。習慣化し、自動運転できるように持っていければ、あなたの夢は知らない間に叶っていくのです。

神メモの良いところは、歯磨きと同じくらいの気軽さ、気楽さで行動できるようになれること。やるべきことが明確にわかる上、タスクに落とし込めるからです。

さらに、１カ月後のタスク、１年後のタスクと、その時々で何をすればいいかまでしっかり落とし込めるので、改めて「やるぞ！」とか「絶対に達成するぞ！」と決意を新たにしたり、無理やり気持ちを奮い立たせたりする必要がありません。

さあ、今日も夢に向かって行動しようか。そんな感覚で淡々と取り組むことができるので、**息切れを起こしたり、やる気が出なかったりという状況にもなりにくい**のです。

ただ、**デッドライン**は決めておかなければなりません。

「朝起きてから、そして寝る前に歯を磨く」と決めるように、「3年後に旅行に行く」「2年後に100万円を貯める」と期限を決めておきましょう。

デッドラインを決めておかないと、人はもっともらしい理由をつけてコツコツ続けることから逃げてしまいます。人間というのは、なかなかやっかいなものなのです。

まとめ

大きな夢や目標は、なかなか手が届かないからこそ願うもの。必ず実現させたいのなら、準備とコツコツ行動し続けることが大事。今日は夢が叶わなくても、神メモを書くことで明日の自分にタスキをつなげていくことができる。

35 メモ1枚で夢を叶える具体的な方法

メモを書くことで、自分の人生を取り戻そう

仕事でもプライベートでも、自分の好きなように決められないことは結構あります。

会社員の方なら、「午前中にこれを終わらせておくように」「それが終わったらこの仕事に取りかかるように」と、逐一上司から指示を出されることもあるでしょう。

部署異動や転勤は、ほぼ強制。出向を言い渡されても、断るという選択肢はない会社も少なくありません。

私も昔は、会社に言われるがまま。主導権を取り戻すためには、会社を辞めるしかありませんでした。

もしあなたが「誰のための人生を生きているのだろう」と虚《むな》しさを感じているのなら、**神メモを使うことで、人生を自分の手に取り返すことができます。**

神メモを使えば、自分の手で夢や目標を書き出し、それをタスクに落とし込んで、どのタスクを実現するかを自分で選んでいけるからです。

たとえば、所属している会社の「年商10億円達成」という目標に社員として向かうのは大切なこと。達成するために、社員1人ひとりがそれぞれ何らかの目標を持って業務にあたることでしょう。

しかし、会社の目標を達成するためだけに動いていると、まるで自分が会社の歯車のような、駒のような気持ちになってしまうかもしれません。

神メモのいいところの1つが、自分の本当の願い、本当の気持ちがわかるようになることです。

自分が本当にしたいことは、ロマンに書くときにワクワクします。「そうだ！これがやりたいんだ！」と、視界が開けていくような感覚があったりもします。

実は、この**「ワクワクするかどうか」ということが、あなたが本当に望んでいるのかどうかを見極めるサイン**なのです。

「英語がしゃべれるようになって、通訳の仕事をする」これが本当にやりたいことであれば、神メモを通じて、通訳として活躍している自分の姿がありありとイメージできるはずです。

もちろん、「年商10億円を達成する」という会社の目標に対してワクワクする人もいるでしょう。

しかし、おそらく多くの人が、会社の目標に対して他人ごとのように感じてしまうのではないでしょうか？　そこには「会社の目標を達成しても、得られるものは特にない」と思ってしまうからかもしれません。

そこで、「自分の得意な営業のスキルを伸ばしながら、会社の売上に貢献する」

とか「売上を上げるために、自分がリーダーになって部署を立ち上げる」とか、**会社の目標に自分自身がワクワクすることを絡《から》めていく**のです。

そうすることで、会社の目標が自分の目標と同化します。自分の夢を叶えることで、他人の夢も同時に叶えていけるのです。

神メモを使って「自分が本当にしたいことは何か」「何を一番大事にしたいのか」を知りましょう。

神メモに夢を書き出しながら、整理整頓するのです。それがわかれば、優先順位がおのずと決まってきます。そして、毎日15分の時間を使って自分の主体性を取り戻していきましょう。

マイルストーンを設定する

目標に向かって進んでいくとき、最終目標だけを見て進むのはとても難易度が高いもの。

たとえばマラソンを走るとき、ゴールだけ見ていては、一向にゴールに近づきません。どこを走っているかわからなくなり、モチベーションも下がってしまいます。ゴールまで走り抜けるために役立つのが、173ページでもお伝えしたマイルストーンです。

フルマラソンを2時間で走りたいのなら、約20㎞を1時間で走ればいいということ。さらに細分化して、10㎞を30分、5㎞を15分、1㎞を3分と分けていけば、たとえゴールがなかなか近づいてこなくても、達成感を得られますしペースもつかみやすくなります。

目的地までの道のりを区切り、マイルストーンを設定していけば、夢に到達しやすくなるのです。

夢を叶えるためにもう1つ大事なことが、**実現するタイミング**です。

たとえば、海外旅行に行きたいけれど、今は子どもが小さくて旅行どころではないとしましょう。3年経てば、子どももある程度大きくなります。今夢が叶うよりも、3年後に夢が叶ったほうがいいわけです。

「棚からぼた餅」ということわざがありますね。ぼた餅は落ちてきてほしいタイミングではないときに落ちてきても、困るだけなのです。

フルマラソンを2時間で走るのか、それとも4時間かけて走るのか。海外旅行に今行きたいのか、3年後のほうが行きやすいのか。ゴールまでの期間が決まっていれば、何をいつすればいいのかがはっきりしてきます。

神メモで自分の夢や目標を把握し、マイルストーンを細かく置きながらタスクをこなしていけば、ぼた餅が落ちてくるタイミングを自分でコントロールできます。

さらに、自分で設定しているのにサプライズ的にぼた餅が落ちてくる感覚になるので、落ちてきたときには「ラッキー！」と嬉しくなります。

まとめ

人生の主導権を取り戻そう。夢は大きければ大きいほど、ゴールまで近づいている実感が湧きにくい。最終ゴールまでに小さなマイルストーンをたくさん置いて、達成感を味わいつつ計画的に進んでいこう。

36 メモで人生の密度が濃くなる

人の最大の目的は、精一杯生きて行動すること

あなたにとって、人生の最大の目的は何ですか？

私は、精一杯生きること、すなわち精一杯行動することだと考えています。

他人のペースに合わせて振り回されながら生きるのではなく、自分のペースで、自分のために生きる。自分が出せるベストタイムを出す。

それが、人生における最大の目的だと思うのです。

目標にまっすぐ向かうことができれば、最短距離で実現することができます。と

ころが多くの人は、途中で道草を食ったり、無意味な回り道をしたりしてしまいます。

道草や回り道の理由は、怖いから、続けることが面倒だから、大変だから、批判されたくないから、失敗するのが怖いからというネガティブな理由であることがほとんどです。

しかしネガティブな理由で先延ばし、後回しにしていて、本当にあなたは後悔しないのでしょうか?

意義のある回り道であれば、後から振り返ったときに「必要な経験だったな」と肯定的に捉えることができます。でも、ネガティブな理由で逃げ回って浪費した時間は、後から振り返ったときに後悔するのではないでしょうか?

人生の最大の目的が精一杯生きることだとしたら、**人生で最大の後悔はチャレンジしないこと**です。

後悔しないように生きる

「早期緩和ケア大津秀一クリニック」の院長である大津秀一医師が書かれた『死ぬときに後悔すること25』(致知出版社)という本があります。

大津秀一医師は終末医療に携わり、千人以上の患者さんの最期に触れ続けてきました。そして、患者さんたちが亡くなる間際に残した後悔や反省の言葉をまとめて『死ぬときに後悔すること25』という本にして出版したのです。

「自分のやりたいことをやらなかったこと」「夢をかなえられなかったこと」「会いたい人に会っておかなかったこと」「自分の生きた証を残さなかったこと」……この本には、たくさんの後悔の言葉が記されています。

イメージしてみてください。もし人生が残り1時間しかないとしたら、何を後悔すると思いますか?

どんな些細なことであれ、死の淵《ふち》に立ったときに「しておけばよかった！」と後悔することがあるのなら、それは生きている今のうちにチャレンジするべきだと思いませんか？

私事ですが、昨年父が亡くなりました。「人はいつか死ぬ」と頭ではわかっているつもりでしたが、いざ大切な家族が旅立つのを体験してみると、重みが違いました。「ああ、本当に人はいつか死んで、人生にはいつか終わりが来るのだ」私は失意の中、心からそう思ったのです。

当たり前のように明日が来ると、私たちは思っています。明日の次はあさってが、その次はしあさってが来ると思っています。自分にはそのときがやってくると疑わずに、1年後、5年後、10年後のことを考えています。しかし、本当にその日が来るとは限らないのです。

チャレンジすることは、幸せである

自分だけではありません。あなたの大切な家族とも、必ずいつか別れがやって来ます。それも、私たちが思っているよりも早く。

あなたが何歳であれ、私たちの時間には限りがあります。

どうでもいいことに時間を費やし、本当にやりたいことから目を背けて逃げ回っている暇などないのです。

ベストタイムで今日を走り抜け、明日の自分にタスキを渡せたら、「ヨシ！」と爽快な気分で眠りにつくことができます。神メモという人生の地図があれば、自分にとってベストな行動を選びとることができます。

夢に1歩1歩着実に近づいているという実感は、あなたに充実感を与えてくれます。

障害があってうまくいかないときでも、「壁にぶつかったのは進んでいる証拠だ」とポジティブにとらえることができるようになります。

自分はなぜ生きているんだろう、本当にやりたいことは他にあるのではないか、と不安になることもありません。

要は、**チャレンジするということは、うまくいこうがいかなかろうが、幸せを感じられること**なのです。

もし眠る前にガッツポーズをしたくなる日々を続けられるとしたら、あなたはとてもワクワクしませんか？　そんな日々を過ごすことは、難しいことではないのです。

まとめ

多くの人が、「チャレンジしなかったこと」を人生で一番後悔している。やりたいことに向かって自分のベストタイムを出そう。回り道や道草を食っている時間はない。

37 メモで、お金にも好かれる

お金を稼ぐと、周りを幸せにできる

私はほめ育や他の事業を通じて、日々たくさんの人と接しています。いつも思うのは、日本人はお金に対してネガティブなイメージを持っている人が多いな、ということです。

読者の中には、お金を稼ぐ人は汚い、ずるい、悪いことだと考えている人もいるかもしれません。

豊かな生活をしている人を見て、「そんなにお金があるなら、もっと貧しい人に分け与えるとか、寄付をするとかすればいいのに」と思ったことがある人もいるでしょう。

お金を持っている人は、自分のことしか考えていない。他人を蹴落として人より多くのお金を手に入れている汚い人間だ。お金持ちに対しては、まだこんなイメージが強いのです。

けれども、充実した日々を過ごし、やりたいことを実現していくためにはお金は絶対に必要です。これは、112〜115ページの「ロマンとソロバンのバランス」のところでもお話ししました。

お金はとても大切なもので、いくらあっても困ることはありません。読者の方の中には、目標の1つにお金をあげている人も多いのではないでしょうか。

しかし、**お金を稼ぐことに罪悪感があるままでは、ブレーキを踏みながらアクセルを踏んでいるようなもの。この状態ではお金を稼ぐという目標を達成することはできません。**

お金のブロックを取り除く方法

お金に関するネガティブな観念を払拭するための方法については、たくさんの人が語っていますが、私はこう提案します。**自分1人のためにお金を稼ぐのではなくて、周りの人に豊かさを還元する**のです。

たとえば、アメリカでは寄付文化が根づいており、寄付行為がとても盛んです。所得が低い人ほど寄付額が多いというデータもあるほどです。アメリカ人の中には、来年の売上目標や収入目標を立てるときに**「いくら寄付するか」**という寄付の目標額を決める人もいます。

いい車やいい家を自慢するのと同じ感覚で、今年どれだけ寄付をしたか、どれだけ社会貢献したかを自慢し合う人は珍しくありません。

稼ぐことに対してネガティブな感情を抱いてしまうなら、「しっかり稼いでしっかり寄付をする」と考えてみてはいかがでしょうか。

あなたが稼げば稼ぐほど、その豊かさを分け合える人が増えていきます。あなたが稼ぐ額が大きくなればなるほど、幸せにできる人の数が増えていくのです。このように考えれば、稼ぐことに何のためらいもなくなるでしょう。

まとめ

やりたいことを実現するのにお金はとても大切。もしお金を稼ぐことに罪悪感があるのなら、自分だけのためにお金を稼ぐのではなく、周りの人に与えよう。

38

「やりたいこと」が見つかる3つの質問

どんなことも天職になる

自分の仕事に誇りを持っていますか？　今していることは、本当にやりたいことですか？　それを、自分の使命だと思えますか？

使命はさまざまで、たとえば子どもを育てることが使命の人もいます。大きな会社を経営し、たくさんの社員を養いながら社会に貢献することが使命という人もいるでしょう。ものをつくることが使命の人もいれば、歌を歌うことが使命の人もいます。

ただ、中には「こんな仕事は誰でもできる」とか「給料が安い」などと、他の人と自分を比べてしまう人がいます。満たされているにもかかわらず、「もっと他に自分がやりたいことがあるはずだ」と考えてしまうのです。

この状態では本当に求めていることに気づけないので、一般的にすり込まれた価値観に振り回されてしまいます。

いい家が欲しい、高い給料が欲しい、素敵な恋人が欲しい、人に自慢できる仕事がしたい……。目先のことに振り回されたままでは、本当に求めるものは手に入りません。

この「ないものねだり」の状態は、水漏れのようなもの。お風呂に水を溜めるには栓をしなければなりません。しかし栓をしていなければ、どんなに蛇口から大量の水があふれ出ていても浴槽に水が溜まることはありません。

自分が本当にやりたいことが何かわからない状態で、やみくもに何かを求めすぎても、満たされることはありません。当然ながら、天職や使命にたどり着くこともできないのです。

神メモは、あなたの使命を磨く研磨剤のようなもの。やりたいことや達成したい世界を書き続けることによって洗練され、やがて真の使命に磨かれていくのです。

最初から天職や使命がわかっている人などいません。トライアンドエラーを繰り返しながら、どんどん磨かれていくのです。

本当の天職や使命がわかると、あとはその一本道を歩いて行くだけ。そんな実感が湧いてくるでしょう。

天職や使命の見つけ方

天職や使命を見つけたら、ゴールを明確にするために自分に問いかけてほしい質問があります。

- **それをしたいと思ったきっかけは何ですか？**
- **それを達成したときにどのような感情になりますか？**
- **本当は何を実現したいのですか？**

この3つの問いを、自分にしてみてほしいのです。

たとえば、大切な人が病気になったときに何もできない自分がもどかしくて、医者を志したとします。達成したらもちろん、喜びに包まれるでしょう。

でも多くの人命に関わるのですから、医者になることがゴールではありません。きっと「どんどん技術や知識を習得して、自分を磨き続けなければ」という感情が湧き上がってくるはずです。

そして最後の質問の「本当は何を実現したいのか」を考えてみたとき、何が浮かぶでしょうか？

単に医者になりたいのではなくて、いい医者になりたい。出世したいのではなくて、常に現場で患者さんに接していたい。そんな思いが浮かび上がるかもしれません。

ただ医者を目指すのと「いい医者」を目指すのとでは、同じ医者を目指すという目標であっても、進むべき道のりが大きく変わります。この3つの質問をすることで、あなたの目指すゴールが明確になっていくのです。

まとめ

幸せを感じられるなら、どんな仕事も天職になる。神メモを書き続けることで、言葉が自分にすり込まれ、使命や天職が磨かれて本物になっていく。

39

メモ1枚から人生は始まる

あなたのやりたいことが、あなたのやるべきこと

人は皆、使命を持って生まれてきたと、私は考えています。

使命というのは、自己犠牲や我慢を強いられるものではありません。本心からやりたいと思えることとつながっています。そして使命を全《まっと》うするために、誰もが長所とセットで生まれてくるのです。

すなわち、あなたが持って生まれた長所は、やりたいことができるようになるためのギフト。だからこそ、自分の長所を磨くことによってあなたは光り輝き、磨か

れていきます。

天職や使命がわかれば、あとはその道を歩いて行くだけ。メモは、あなたが天職や使命を手に入れるための最大の味方であり、あなたの最高の相棒なのです。

やりたいことを実現していくためには、モチベーションや行動力はさほど重要ではありません。ただ、諦めずに続けていくという意志は必要です。

私も、大きなチャレンジを前に、自分の意志を確認した出来事がありました。自分が本当にアメリカに進出したいのか、世界中にほめ育を広めたいと思っているのかを問われたのです。

「攻めるなら大きな会社に攻め入ろう」と考えた私は、誰もが知っている世界的な大手カフェチェーンに狙いを定めました。

当然、その会社の要人との人脈などありませんでしたから、私はウィキペディアでその会社の本社を調べ、アメリカにあるその会社の代表電話に電話をかけたのです。内容はこうでした。

「私は日本に住んでいるコンサルタントです。私は、あなたの会社の売上を半年間で130％にできます。決定権者を紹介してください」

代表電話に出た受付の人は、人事部長の名前だけを教えてくれました。しかし連絡先は聞けなかったため、もう一度電話をかけます。すると、人事部長のメールアドレスを聞くことに成功しました。

私は人事部長に、代表電話で話したのと同じことを英文にしてメールで送りました。さらに動画を撮り、YouTubeにアップして、彼にＵＲＬも送ったのです。

ところが全く返事がありません。

メールでは埒《らち》があかないので、私は何度も代表電話に電話をかけました。しかし一向に反応はありませんでした。

そのうち、人事部長から私のもとに1通のメールが来ます。そこには「私たちのポリシーと違うので、お引き取りください」とだけ書かれていました。

ここでも私は引き下がりませんでした。

「アメリカは夢を叶える国でしょう。あなたが所属している会社は、アメリカにあるはずです。私はあなたの会社と取引がしたい、これは私の夢なのです。夢を叶えてくれませんか」と、なおも食い下がったのです。

最終的に私のもとに送られてきたのは、「もう二度とメールをして来るな」という強い拒絶のメールでした。

なぜ、私がここまで食い下がったか。このとき、さすがの私も「絶対にうまくいく」と信じていたわけではありません。その会社の胸を借りて、私は自分の意志がどれだけ強いのかを確認したかったのです。

自分たちが本気でアメリカに行こうとしているのか、アメリカを代表する会社と取引ができるだけの存在だと信じられるのか。自分の意志と、自分たちの可能性を確認したのです。

あなたが今やろうとしていることがあるのなら、困難を乗り越えて行動し続けるのだ、という決意が必要です。もしくじけそうになったら、私のこの話を思い出してください。

「世界的なカフェチェーンの人事部長に営業をかけることを考えたら、これくらいたやすいな」と思ってもらえたら幸いです。

まずは、書くことから始めよう

いよいよあなたも1枚のメモを通じて、本当にやりたかったことを手に入れるときがやってきました。

用意するものは、1枚の紙とお気に入りのペン。そして、ワクワクする気持ちと、絶対に実現させてやる！　という熱い思いだけです。

メモを続けるために大切なことは、根性ではありませんでしたよね。メモを書くことが習慣になるまで、とにかく楽しんで続けること。そして、嫌なことはしないことが約束でした。

わからないことはわからないままで大丈夫。

とにかく、思ったこと、感じたこと、やりたいこと、悩んでいること、それらを全部1枚のメモに書いてみましょう！

はみ出したってかまいません。1枚に収まりきらなくても、書くことがなくてもいいのです。

さあ、楽しみながら、一緒に大きな夢を叶えに行きましょう！

まとめ

あなたがやりたい、実現したいと心から思ったことこそが、あなたの使命であり天職となる。あなたが持って生まれた長所は、やりたいことを実現するためのギフト。自信を持ってやりたいことに向かっていこう！

1枚のメモからあなたの人生を始めよう

1枚のメモ＝神メモさえあれば、時間を生み、仕事を効率化させ、プライベートも充実して大切な人との絆も深められる、手に入るお金も増える――。

夢のような話に思えるかもしれませんが、ここまで読み進めてくださったあなたは、きっとこれが夢物語ではなく、**堅実で極めて理にかなっている方法**だということをご理解いただけたことと思います。

神メモを書き続けると、皆さんあることに気づかれます。

それは、「今までいかに自分の人生をコントロールできていなかったのだろう」ということです。

・人からの評価を得たいがために、嫌なことも我慢する自分
・優先順位の低いことばかりに時間を使ってしまい、本当に大切なことをなおざりにしてしまっていた自分
・やりたいことがあるのに「私にはできるはずがない」といって、チャレンジする前から諦めてしまっていた自分
・人と比べて、人に勝つために、欲しくもないものを求めていた自分

そんな「自分を生きていなかったこれまでの自分の姿」に気づいてしまうのです。

本編にも何度か登場している「ほめ育」ですが、ほめ育とは、ほめて育てることによって自己肯定感を高め、本来その人が持っている才能を引き出し、成長を促す教育方法です。

あなたが神メモを書くとき、この「ほめる」ということもぜひ意識してほしいのです。

日本人の多くが、ほめられることに慣れていません。私は講演などの場でよく「ほめる」の逆は「比べる」だと話していますが、多くの人は、ほめる代わりに「比べる」ことをしてしまっています。

しかし、この**比較するという意識こそが、自分の人生を主導し、主人公となって生きることを妨げているの**です。

神メモは、できるだけ毎日新しいものを書きましょうとお伝えしました。

毎日神メモを書くことで、その日にあったこと、その日考えたことなど、その日あなたの人生に起きたあらゆることを整理し、刷新することにつながります。

人生に起きたことを整理し続けるうちにきっと、無意識に人と比べていたことに気づくはず。

欲しいものや実現したいと思っていたことが、本当は自分の本心からくるものではなくて、「あの人より出世したい」「あの人より成功したい」「あの人より豊かでありたい」というように、他人と比較しての願望だったことに気がついていくのです。
もし誰かと自分を比較していることに気づいたら、「よく頑張ったな」と自分をほめてみてください。どんな小さなことでもいいのです。自分の頑張りをしっかりとねぎらってください。

人生は、思っている以上に短いもの。他人の人生を生きている時間など、ただの1秒たりともありません。自分の人生を、一刻も早く自分の手に取り戻しましょう。1枚のメモから、あなたの人生を始めるのです。

人は、自分の命を全うするために生きている

「やりたいことがない」という人は結構います。何がしたいのかわからない、自分がどういう人間なのかわからないといって、自分探しを続ける人もたくさんいます。

こうした現象がなぜ起きるかというと、価値の基準が自分の中にないから。自分の軸が定まらないと、一般的な価値観や他人の価値観を踏襲するしかありません。その結果、オリンピックに出場が決まった選手が同年代だったり、成功して何十億、何百億と稼いでいる経営者が自分よりも年下だったりしたら、そうした「すごい人」と自分を比べてしまって「自分には何の才能もない」と落ち込んでしまうのです。

しかし私は、すべての人が等しく才能を持っていて、誰でもオリンピックに出たり、稀代の経営者になったりできる可能性を秘めていると思っています。

それなのになぜ現実世界で差が出てしまうかというと、**「成功のしかた」を学んでいるかどうか、そして「自分にはできる」と信じきれているかどうか**が大きな要因だと考えています。

あなたは、どんなことが得意ですか？　好きなことはなんですか？

誰しも、得意なことや好きなことがあるはずです。好きなことは嫌いなことよりも「できる」と思えますし、得意なことなら成功しやすいのではないでしょうか?
実は、**得意なこと、好きなことこそが、あなたの夢を叶えるために天が与えてくれた最高のギフト**なのです。

このようにお伝えすると、「好きでもないことが得意なことだったとしたら、我慢しながら得意なことを続けなければならないの?」と疑問に思う方が出てきます。

しかし、そうではありません。あなたが本当にしたいこと、それがあなたのミッションなのです。

神メモを毎日書いていると、自分の本心がどんどん露《あら》わになっていきます。何日も書いているタスクが全然片づかないのなら、それはやりたくないということ。

逆に、ムリだと頭では考えているのに毎日神メモに書いてしまう夢があるとしたら、それは心から実現したいと望んでいることに他なりません。

好きだと思っていたはずのことが、神メモを書き続けていると「そうでもないな」と気がつくこともあります。苦手だと思っていたことが、タスクをこなすことで得意になっていくかもしれません。

神メモを書き続けることで、あなたは本当の自分に出会うことができるのです。

そして、その延長線上にあなたの使命があるのです。

使命に出会ったとき、人は稲妻に打たれたかのような衝撃を受けることがあります。

「これこそが自分の天職であり、使命である」と確信するからです。そこには、一分の疑いの心もありません。そして、「使命を全うするために、これからの人生を捧げたい！」と強く思うのです。

使命を知り、歩んでいく人生は、刺激と豊かさに満ちています。ぜひあなたも、神メモを使ってあなただけの使命を見つけてください。

ただ、やりたいことや使命が見つかったとしても、実現させるまでの道のりは平坦ではありません。最初はどうやったらいいかわからず、もがく日々が続くかもしれません。

それでも諦めずに行動を続けていれば徐々に世界が開け、チャンスが手元にたぐり寄せられ、必要な人や情報がどんどん集まるようになっていきます。

私も1日1日を全力で走り抜け、明日の自分にタスキをつないできました。その結果が今につながっています。

そしてあなたも同じです。**悩んだり、苦しんだり、迷ったり立ち止まったりしながら、あなたもまた明日の自分にタスキをつなぎ続けてきました。そうやって走り抜けてきた日々は、1本の道となってあなたの後に続いています。**

逃避ではない回り道や寄り道は、あなたがまだ人生の使命に目覚めていないときには役に立ちます。

道なき道を歩いてみたからこそ見える景色もありますし、無駄なことのように思えても、いつかは「この経験が今をつくっている」と思える日がやってくるからです。

しかし、やりたいことや使命が見つかったのなら話は別。後ろにしか見えなかった道が目の前にもずっと続いていることがわかったなら、ここからは寄り道をする必要は一切ありません。最短距離でゴールに向かって進んでいきましょう。

さあ、神メモを始めましょう

モヤモヤしていたことの正体がわかったとき、自分の本心に気がついて認められたとき、やりたいことを存分にできるだけの時間をつくれるようになったとき――。

きっとあなたは、**心の底から解放されたように感じる**はずです。自分の人生を自分の手に取り戻したような気持ちになることでしょう。

もしかすると今はまだ、目の前のことしか見えないかもしれません。忙しすぎて何をしたいのかもわからず、ただ今を乗り切ることに精一杯で、焦りだけが先走る自分がいるかもしれません。

もし、**わずかでも今に違和感があり、自分の人生のハンドルを誰かにとられているような気持ちになってしまったら、ぜひ神メモを書いてみてください。**

神メモを書き続けることで、自分の人生を振り返り、未来に思いを馳せることができます。そして今に立ち戻り、今やるべきことを決めることができます。

神メモは、あなたのコーチであり、一番近くにいる味方であり、最大の応援者。
神メモが、あなたが望んだ未来にあなたを連れて行ってくれます。

人は皆、夢を叶えるために、幸せになるために生まれてきたのです。

神メモが、あなたを望んだ未来に連れて行ってくれますよ。私も一生書き続けると決めています。ぜひ、共に幸せになりましょう。

最後になりましたが、本書の執筆にあたり上村雅代さん、金子千鶴代さん、山内早月さんには大変お世話になりました。心よりお礼申し上げます。また、すばる舎編集部の上江洲安成さんにも感謝いたします。

２０２１年７月　原　邦雄

感謝の気持ちを込めた
「無料プレゼント」のご案内

本書をご購入くださった読者の皆さまへ、著者である原邦雄より
感謝の気持ちを込めて無料プレゼントを用意いたしました。
『神メモ』に役立つ特典です。ぜひ、ご活用ください。

プレゼント内容

01 『神メモ』
フォーマット（PDF）

02 『神メモ』事例
（主婦、学生、個人事業主など）

03 『神メモ』オンラインサロンの動画
7本プレゼント（中心的なノウハウ収録）

04 『神メモ』オンラインサロン
初回無料参加（Zoomを使用します）

詳細は下記よりアクセスください。
https://bit.ly/3k7LQ0r

※特典の配布は予告なく終了することがございます。予めご了承ください。
※映像はインターネット上のみでの配信になります。予めご了承ください。
※このプレゼント企画は、「ほめ育グループ」代表・原邦雄が実施するものです。プレゼント企画に関するお問い合わせは「info@spiral-up.jp」までお願いいたします。

原 邦雄（はら・くにお）

ほめ育グループ代表
日本発の教育メソッド「ほめ育」を開発し、世界17カ国、のべ50万人に広めている。

大手コンサルタント会社から飲食店の洗い場に転職し、4年間住み込み、店長を経験し独立。多数の現場で培った経験と、脳科学と心理学をミックスした教育メソッド「ほめ育」は、320社以上の企業や、幼児教育をはじめとした教育機関にも導入されている。起業家支援も行なっており、2020年に登壇したアフリカ初教育 TEDx（TEDxElMenzahED）の動画は360万回再生超（2021年7月末現在）。テレビ朝日『報道ステーション』、NHK、『The Japan Times』などに登場。

本書のメソッド【神メモ】を通じて、数多くの夢とやりたいことを実現してきた。

著書は、『自分をほめる習慣』（すばる舎）、『たった一言で人生が変わる ほめ言葉の魔法』（アスコム）など多数（韓国語、スペイン語にも翻訳）。

趣味はトライアスロン。モットーは「意志があるところに道は開ける」。2018年東久邇宮文化褒賞受賞（代表挨拶）。現在、アカデミー賞を狙う、ほめ育アニメを企画中。

神メモ 紙1枚で人生がうまくいくメモの技術

2021年 8月18日 第1刷発行

著 者 原 邦雄
発行者 徳留慶太郎
発行所 株式会社すばる舎
〒170-0013 東京都豊島区東池袋3-9-7 東池袋織本ビル
TEL 03-3981-8651（代表） 03-3981-0767（営業部）
FAX 03-3981-8638
https://www.subarusya.jp/
印刷所 シナノ印刷株式会社

落丁・乱丁本はお取り替えいたします

ISBN978-4-7991-0924-3